心一堂術數古籍珍本叢刊

書名：蔣大鴻嫡傳水龍經注解 附 虛白廬藏珍本水龍經四種（九）
系列：心一堂術數古籍珍本叢刊 堪輿類 蔣徒張仲馨三元真傳系列 第二輯 195
作者：【清】蔣大鴻編訂、【清】楊臥雲、汪云吾、劉樂山註
主編、責任編輯：陳劍聰
心一堂術數古籍珍本叢刊編校小組：陳劍聰 素聞 梁松盛 鄒偉才 虛白盧主

出版：心一堂有限公司
通訊地址：香港九龍旺角彌敦道六一〇號荷李活商業中心十八樓〇五—〇六室
深港讀者服務中心：中國深圳市羅湖區立新路六號羅湖商業大厦負一層〇〇八室
電話號碼：(852)67150840
網址：publish.sunyata.cc
電郵：sunyatabook@gmail.com
網店：http://book.sunyata.cc
淘寶店地址：https://shop210782774.taobao.com
微店地址：https://weidian.com/s/1212826297
臉書：https://www.facebook.com/sunyatabook
讀者論壇：http://bbs.sunyata.cc/

版次：二零一七年七月初版
平裝：十冊不分售

定價：港幣 二千八百元正
新台幣 一萬零八百元正

國際書號：ISBN 978-988-8317-46-2

香港發行：香港聯合書刊物流有限公司
地址：香港新界大埔汀麗路36號中華商務印刷大厦3樓
電話號碼：(852)2150-2100
傳真號碼：(852)2407-3062
電郵：info@suplogistics.com.hk

台灣發行：秀威資訊科技股份有限公司
地址：台灣台北市內湖區瑞光路七十六巷六十五號一樓
電話號碼：+886-2-2796-3638
傳真號碼：+886-2-2796-1377
網絡書店：www.bodbooks.com.tw
台灣國家書店讀者服務中心：
地址：台灣台北市中山區松江路二〇九號一樓
電話號碼：+886-2-2518-0207
傳真號碼：+886-2-2518-0778
網絡書店：http://www.govbooks.com.tw

中國大陸發行 零售：深圳心一堂文化傳播有限公司
深圳地址：深圳市羅湖區立新路六號羅湖商業大厦負一層〇〇八室
電話號碼：(86)0755-82224934

心一堂微店二維碼

心一堂淘寶店二維碼

水龍經序

自鴻濛開闢以來山水為乾坤二大神器並雄於天壤之間一
陰一陽一剛一柔一峙一流如天覆地載日旦月暮各司一職
後世言地之家罔識厥理知山之為龍而不知水之為龍即有
高談水法者莫不以山為之體而水為之用至比之兵之聽令
乎將婦之效順乎夫於是山之名獨尊而水之權少絀遂使平
洋水局之地置水龍之真機而傳會山龍之妄説舉世昏昏有
若聾瞶此非曾楊以還未晰此義也古人不云乎行到平洋不
問蹤只看水遶是真龍又云平洋大地無龍虎漭漭歸何處東

西只取水為龍。扦着出三公。其言之曉暢條達。彰彰在人耳目間。如是久矣。人自不之察耳。至其裁制之格法。實鮮專書發揮未備。卒使學者有同面墻。無徑可入。推原其故。豈不以山之結構有定。而水之運用無窮。世人若知水龍作法。盡大地山河隨所指顧。咸可握神機參造化。故引而不發。為天地惜此秘奧耳。高高在上。哀此下民。亦欲使千古不傳之緒。宣露一時。假　階下愚發抒要妙。為後此通人彥士執轡前驅。乃因無極之傳。盡泄楊公之訣於是　階　乃蕩然大闢其旨。以山龍屬高山。以水龍屬平壤。二法判分。不憚大聲疾呼。以正告天下有識之士。間亦信

家秘本

之從來迷謬茲焉洞豁階竊自懼其遭逢之大幸恐冒陰陽之忌何敢貪天之功以為己力也始階初得師傳時既知有水龍之法矣而求之今古成迹茫無考據及得幕講禪師玉鏡正經千里眼諸書而後入穴玄機若合符節未幾又得水龍經若干篇乃歎平洋龍法未嘗無書但先賢珍重不肯浪洩於世耳因無刊本間有字句之訛用加校讐詮次成書編成五卷一卷明行龍結穴大體枝幹相乘之法二卷明五星正變穴體吉凶審辨之法三卷述水龍上應星垣諸大格四卷指水龍托物比類之象五卷義同二卷而縱橫言之一二四卷得之吳天柱先生

三卷得之乍浦方家五卷最後得之我邑夫是五者或有作者
姓名或失其姓名其言各擅精義互見得失合而觀之則水龍
軌度無餘蘊矣以此水龍為體而後施之以三元九宮乘氣作
用譬之大匠水龍者楩楠杞梓而三元九宮其方圓繩墨也譬
之丹家水龍者鼎器藥物而三元九宮其卦爻火候也名材未
摎公輸無所施其巧鉛汞不備伯陽無以運其神故知天元心法
亦云至矣而是書又烏可少乎經之為名不可漫加即其舊名
因而不革實可藏之金匱石室與青囊狐首並垂不朽後之學
者苟非有過人之福天牖其衷未獲覯此書也希世之寶惟有

德乙當之。尚其知敬也歟。尚其知懼也歟。

皆

天啟下元甲子又四十年歲次癸卯律中黃鍾後學杜陵中陽

子蔣平階大鴻氏題於丹陽之水精庵

原本不著姓名

氣機妙運論

太始惟一氣耳。究其所先。莫先乎水。水中滓濁。積而成土。水土震蕩。水落土出。遂成山川。是以山川有波浪之勢焉。經云氣者水之母。水者氣之子。氣行則水行。水止則氣止。子母同情。水氣相逐。猶影之隨形。夫氣一也。溢於地外而有迹者為水。行於地中而無形者為氣。水其表也。氣其裏也。表裏同運。內外同情。此造化自然之妙用。而欲知地中之氣。趨東趨西。即其水之或去或來。可以概知之矣。故曰善觀氣機之用者。觀諸水。川上之歎。可以見宣聖見道之情焉。蓋水之行。即氣之行。水之止。即氣之

家秘本

止。察水之所來。於以知氣之出身。審水之所止。於以知氣之結作。經曰、外氣行形。內氣止生。又曰、形止氣蓄。萬物化生。旨哉斯言乎。且夫天地之氣。陰與陽而已。易曰、一陰一陽之謂道。又曰、陰陽互藏其宅。動靜互為其根。陰陽相禪。萬物化醇。郭子有曰、獨陽不長。獨陰不成。陰陽合德而生成之功備。故山脉之峙水脉之流。分而言之。則山者陰也。水者陽也。合而言之。則有質者陰也。無形者陽也。然陽非陰則無以依附。陰非陽則無以發生。故外氣與內氣相合。二氣相盪而成物。猶夫婦交媾而成生育。之功也。陽以蓄陰。陰以含陽。即雌雄相會。牝牡交媾之情也。故曰陰陽相見福祿永貞沖陽和陰萬物化生此天地自然之化機也合之則渾沌之體即萬物統體一太極之妙用分之則隨物付物又萬物各具一太極之玄奥也知太極之理則可與語化機之妙知化機之妙則可與論形氣之學矣

此篇畧見大意故存之外有自然水法論自然水法歌各一篇中多舛謬處故削除之恐留以滋害也　後覺子

家秘本

水龍第一卷總論

此卷專明水龍枝幹之理蓋以通流大水為行龍而謂之幹以溝渠小水為割界而謂之枝穴法取枝不取幹猶之高山起祖重岩疊嶂之中反無真結而老龍發出嫩枝始有結作也篇中主意常以幹龍遶抱取外氣形局而以枝龍止息交會取內氣孕育其於水龍之理論之特為美備蓋大江大河雖有灣抱其氣曠渺與墓宅不親斷難下手須於旁另有枝水作元辰遶抱成胎則化氣內生弃大水之氣脈皆收攬而無餘斯大地矣予觀舊家名塚枝川小幹首尾通流其行曲折竟於轉處下龍腹

迎秀立穴專主乎向尾坐首者也

坐向首尾

穴全無內堂界水亦得大發其小枝盡處或一水單纏或雙流界抱深藏婉麗毓秀鍾靈世家大族所在多有不必盡論外局其福力已不可限量似乎此書所論不可盡拘然小幹無枝其局雖大必須久而後應終難驟發枝龍無幹其效雖捷而氣盡易衰不能綿遠究不若枝幹相扶之地可希求旦夕之功亦可期代興之澤也然則此書之義其可廢而不察歟其所重在特朝之水迎秀立穴斯雖正論然必其逆入朝迎猶是一偏之論蓋水龍妙用只在流神曲秀生動化機自呈前後左右無往不宜順逆去來隨方協應以予所見尤以坐（羽）向（是）首（順）尾為駕馭有權

家秘本

四字宜精察

至理

或左或右未免偏於公位耳若湖蕩龍法此書皆取衆砂環聚蓋即效山龍圖式眠倒星辰之說也果如所圖局法固大然予遍觀吳楚之間三江五湖巨浸多矣欲合此等圖式百無一遇今存此說會意云耳必欲按圖索驥求此等之地而葬之涉於愚矣要之湖蕩之脉亦當深明枝幹蓋大蕩即名大幹必須其旁又求枝水立穴而後發福可期若單取大蕩陽宅尚有歸收陰（去脉可接）基必難承接其借外砂包裹亦即幹枝之法（以水為主而托之於砂）而變用之者也至於水龍作用全在八卦三元江湖河蕩其歸一也不精此義縱得合格之地未免求福而反受其禍則又乾坤之秘要聖哲

之傳心而非作此書者所能知也此書作者不著姓名大約近代人手筆其每篇立論未免尚存流俗之見於眞傳正訣尚隔一山予以枝幹之說為水龍開卷第一義故即取其圖列之卷首若一一泥其說則於眞實際処反致河漢貴學者之善說書也大鴻氏筆記

水龍經條目

一是書五卷。予得之靖江羊子卧雲。今卷內凡標羊云者。即卧雲氏之評註也。

一第一卷。前有自然水法論歌二篇。又每圖各有原論一篇。予因其中多滅蠻之謬說。故悉削除不録。

一第一卷有詩四十首。皆蔣公所作。以評其圖者也。學者觀其圖。尤當觀其評。觀其評。尤當觀其序與論。神機妙用。蘊蓄無窮。茍非哲士。孰能與於斯。

一是書各卷各圖。余久欲少加評註而未暇及。我友汪子云吾。早於一二卷評註甚詳。披閱之下。實獲我心。故盡錄之。凡卷內書汪云者。皆云吾氏之評註也。

一是書內所註元運。與評註內不書某云。及硃筆所書。則皆予所添入。

後覺子筆

此詩即弟一圖以例其餘

水龍經第一卷

凡詩皆蔣公所作

幹水城垣格

京本

坤上来龍氣脉柔（柔言小曲）轉身却向巽方流

内無枝水来割界龍縱清奇氣不收

汪云第五卷亦載此圖無枝水割界立穴向離蔣公詩云一龍之水両頭交化作雙龍穴在腰將相王侯從此出嘗教裂土更分茅又註云水從坤方來至巽上去却不離乱離爲真下元富貴上中両元不吉愚謂此必有枝水割界故云雙龍穴場稍南故云在腰也惜繪圖者未見及此

一帶高砂

下堂

中堂

午向

此圖附

巽

坤

内無枝水

難以作穴

巽乾二水曲如龍。立穴中元瑞氣鍾。
只。為。中。停。太。寬。廓。氣。不。收。來。力。不。雄。
此言陰基。須開小水。或引乾。或引
巽。方可立穴。
一條巽水向乾流。不怕通衢氣不收。
任是去來皆可宅。中。元。卿。相。坐。當。頭。
此言陽基。坐當頭。謂正當水之衝
處也。

幹水散氣格　中元

凡元運皆後覺子所添

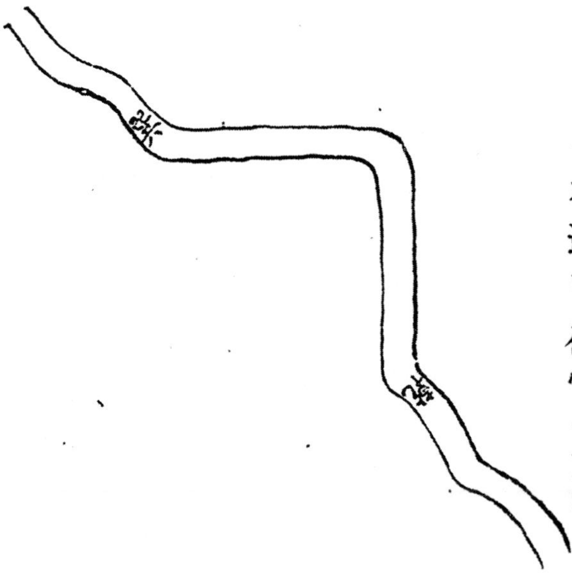

龍身灣環離氣鍾其間作穴照坤龍

下元穴此交乘旺一旦聲名達九重

汪云首二句局勢來脉俱已了然

羊云此等局勢縱踏遍九州亦無覓處然亦非三元不敗之局也

汪云無論陽宅陰基蔣公最重入首學者詳之

高 漸 遠 漸

枝水交界格 下元

汪云原圖有滲漏之病特易之

汪云此圖甚佳何故不作上元圖而但作下元圖試參之

離方小蕩聚天心乾上來龍外氣清
到此結成多拱抱三元常見福盈盈

汪云首二句明其為上中二元地
羊云此圖皆為聚水獨離上水更大自肰三元不敗之大局也豈以水從乾上來而獨旺於中元哉
汪云水從乾來從艮出雖不入穴然後抱亦得加外局即真乾巽脉內局的真艮坤脉
貼穴右水出於酉庚便可從上元排之中元并此穴亦當於穴後第二棟浜開至酉庚此方為全局
據圖若在上元乾坎煞合又有乾上來龍助之必害幼房并及次房須就乾上開鑿至辛酉庚三位方能化煞此三字青囊經所謂翻叛逆超神而詩中含蓄未露者也
凡龍脉以骨為主而位即因之凡穴體以局為主而骨亦從之

枝水交界格　三元

家秘本

艮脉短又後棟是兌骨必於乾頭開至兌庚方是的真艮坤局。坎水既經剋制則已化為艮水乾水而退以為離水之所歸不必疑其犯煞也

高
案
前蕩强於後棟
小蕩
丁
丙
午
薄
薄
上
堂
低

蕩水之骨子難拘觀其所抱而龍可定矣。非南水抱此便無據依
幹水亦微有相隨之勢。幹水亦不甚隨若非枝水拱抱多豈能結乎

抱穴小水名金魚水

一水来纏揷界多，其間作穴更如何。

坐離朝坎為上格，白屋兒孫到六科。

汪云有主必有輔，穴前穴後皆當有水，但須審其孰賓孰主，孰强孰弱耳。主强賓弱，於主之旺元扦之，百無一失。此圖離水入穴，坎水不入穴，此賓主之所以分。離水四層，坎水二層，此强弱之所以分。羊云坎上雖有水界，却漸遠漸高，氣從高下，小水焉能界住哉。汪云斯言亦是，然須知天陽非坎水所能界，地脉則甚取坎水為之界。羊又以前高後低為楊公看雌雄之另訣，愚謂高低論前後，不論雌雄。雌高雄低騎龍可也，雄低雌高攀龍可也。

汪云內局貼穴金魚水北向，是上元骨子；穴右有向西北之水，穴左有向東南之水，是中元骨子；其穴前穴後向西之水，是下元骨子。但內局来脉的真是良，以明堂言之，則離水四層，坎水二層，自肰上元是主，而中下二元乃其輔弼也。其貼穴左水止於乾位，必中元扦之方為全吉。

丙　午　丁

来

枝水交界格　三元

汪云其方位必蔣公所標

去

因乾水頭必於中元扦之，此說太拘。乾水只是堂氣，非來氣，又在穴前，本無大礙。況此水本爲脉，又多兜為堂氣之主，則乾水頭已受制，不為煞，且能清坎上局氣耳。此天心尋十道之旨也。

乾上分枝左右環。其間作穴要知難。

兩分漏道怎回避。百步相離力始強。

爭云。此局外氣不甚兜收。若但就此立穴。豈不是漏道在後耶。必枝水結作去漏道里許。或百步之外方可用。據圖立亥山巳向。亦可發達。到得下元。一敗無存矣。若巽上砂低。朝水立穴。可八十年富貴。

汪云。合內外局觀之。丁正。一斜。本非善地。坐後又有漏腦之病。若於中元扦之。卯上水頭微碍。長房至下元。犯水火。元成煞。則又不可扦矣。

卯上水頭有制。又在穴前。無碍也。

枝水交界格　中元

漏道

家秘本

雖上有小蕩，又三折不離，斷不以坤方來脉為嫌。宝照云：尋龍過亦尋三節。又云：三節不乱是真龍。此乾水頭在於穴後小房，必微有不足之處。此等圖如人身處室中背門而立，本非甚佳，蔣公特就原圖為之裁制也。

坤上来龍午上折，更兼小小蕩聚天心。左環右抱成龍局，立穴朝南富貴根。

羊云：此地須坎氣悠長百里或數十里，却不好漸遠漸低，又不好太高。穴後固要空曠悠長以来龍脉也。楊公曰：天下軍州揔住空，何曾撐著後頭龍。則坐後不宜高可知矣。羊又云：這一局雖說三元，水之来口到底央雜，非全美也。

汪云：圖不書坎乾來，而詩偏云坤上來龍者，以形勢求之也。坤有抱水，南有曲水，可知其為坤上來龍也。凡蕩汐不至之地，當以此斷之。若果来於艮去於坤，則福力又不如矣。穴坐北不坐南者，以蕩小而南之漏洩太大也。羊謂坎亦須長百里或數十里，此海內必不可得之地。既云不可太低，又云不可太高，此依回未定之論。平淨前高後低，乃太極自然之妙，與元運無涉。今謂攀龍必坐後悠長數百里，殆認局亦為真龍矣。

曲水朝堂格 三元

蕩水只看方位，其出宮不出宮，有多寡輕重之分，入口最要與照。而熟看方位，其出宮不出宮，有親疎遠近之分。穴去蕩愈遠，則胚水愈多愈重，照畢竟在是蕩水痕之內，故雖坐卦獨缺，後頭之無天柱，抑之嫌高。

案

午

蕩

低平　左薄　右薄　低平

天柱薄

漸遠漸低

小蕩之水，其出宮不出宮，尚可以多寡輕重別之。既是可別，則而旁無水，雖輕而寡，亦足慮也。得而小枝抱穴而無，非所嫌矣。大蕩之出宮不出宮，決無多寡輕重之分，其水亦積散與宗地一般，得一小枝曲入，則積者豈散，者聚而結穴可知矣。但入穴之亦宜清純，故蕩水尤怕宜向不宜坐，必蕩外有高砂作案方称全美。

三陽丙午丁也其水三元不敗

曲水朝堂格 三元

三。陽。水。曲。一。宮。流。坎。上。高。砂。氣。脉。周。

立穴三、元、多福澤。兒孫世々産公侯。

羊云若得艮上有卯落更妙。汪云惟下元艮上無村落為妙。

據圖三捧浜雖屬中元方位。而皆上元骨脉。即可於上元下之。天元歌云来情若在真元位。諸局泰差一半輕是也。巽水從離水分氣。離長巽短。旺能制煞。又巽水並不入穴。只是界住穴後之氣。兼鎖卯上城門。最合天心尋十道之旨。若由乾入之水。雖盡於丑寅。亦不可坐。以来情犯煞之故。北斗七星去打刼。離宮要相合。此圖是也。

家秘本

曲水来朝大吉昌。支流割界更嘉祥。
要知立穴近西水。方許三元福禄長。

汪云：此蔣公因圖訣挾龍，故假此以明挾龍非上格也。緣此圖旋開作一二里，看兩頭水灣曲甚大，中間案地散漫，不能收之。此必縮穴抱枝水盡處，西邊一小枝離水外趨，脈長氣聚，坎上有高砂為案，立穴子向，乃三元不敗之局。若北邊一小枝立穴酉向，則止於下元一發，不足貴也。

此水坎離一樣朝。却逢坎上有高砂。
坐空朝滿為上格。官禄榮華化百家。

此蔣公就本圖而定其為騎龍穴也。不知一圖化作二圖，而謂蔣公點穴亦有兩可之處，可笑極矣。

原本謂曲水至向前即繞左而去，則長房獨發；必繞右至坐後仍繞左而去，然後長幼房俱發。此圖曲水右泄而去，小房不發，後主遷移易姓。汪云：此所云左右就拳龍穴而言，右水不合，亦不得謂小房不發也。

曲水朝堂格　三元

坐後忌水冲腦，若坐午而水口在丁，則無嫌矣。然非曲水亦當戒之。〇曲水之口與穴斜冲亦大忌，此際宜細認。

幹水曲折成胎，內氣甚大，立穴不必過於貼水。

此圖不必開鑿，即於上元居中立穴可也。中間一穴原本主拳，而蔣公則主騎，以騎之受氣清也。拳必再開後陰，則坎水太重，入穴之氣雜矣。

曲水來朝是午丁枝流割界卯方清下元扦此先乘旺中上福祿自盈

內局出脈自卯至酉復自子至午止於坤位的是下元另挿浜止於巽位是下元兼中元也外局向上之水三折自午至子另挿浜止於兌位的是上元而去水則在乾位是上元兼中元也行運自內及外故於下元扦之可以三元九發

凡攀龍格枝水灣環與幹水成合璧之象然後所攀之龍亦收穴內此則幹枝各自成局賓主俱強所以各乘旺元而發福也

必地形極寬大方有兩局之可言

下元脈取貪狼護正龍可見離上之砂與水穴宜兼取之

曲水朝堂格 三元

高案

高

案

丙 午 丁

左 巽 穴 坤 右薄 兌

卯 薄

薄

乾

家秘本

巽然在穴前又非來脈故但主於貧

午水單纏入巽龍。枝流抱穴卯。真。宗。

上元甲第開無比。中下猶能產巨公。

曲水朝堂格 三元

汪云。首二句。言外城獨於巽上無水。局忝是巽。不為內。局。脈。從。庚。來。則。卯。為。真。龍。也。次二句。兼長中幼房而言。若於上元扦之。巽水稍稍犯。煞。幼房較貧。然午水入穴。其發貴先可必。矣。

羊云。下元卯上砂高。似乎煞重。若開卯上水頭。則降煞矣。汪云卯水以下元而旺。卯砂與太極相宜。何煞之有。

原本云。外城甚佳。若局勢緊密。雖無枝水割界。亦可立穴。

汪云寅上去水。有似反背。故開至卯上。為內抱之形。

丙 午 丁

丙 巳 巽 辰

穴

寅

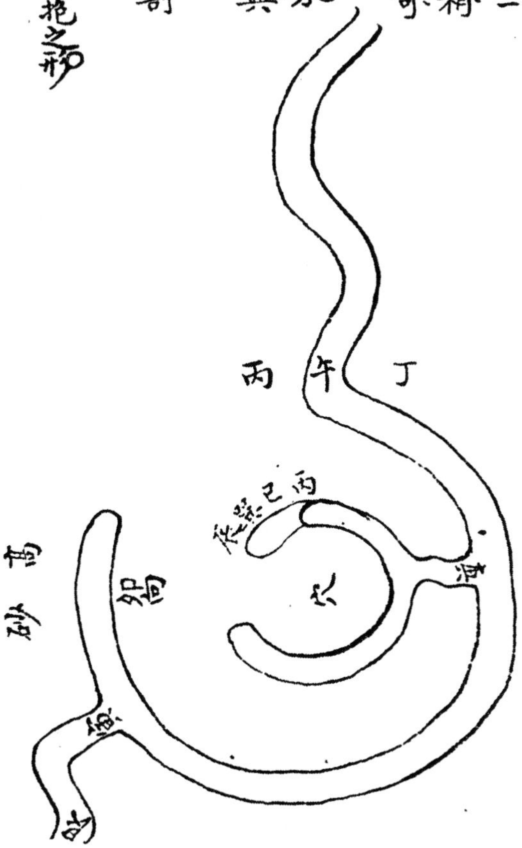

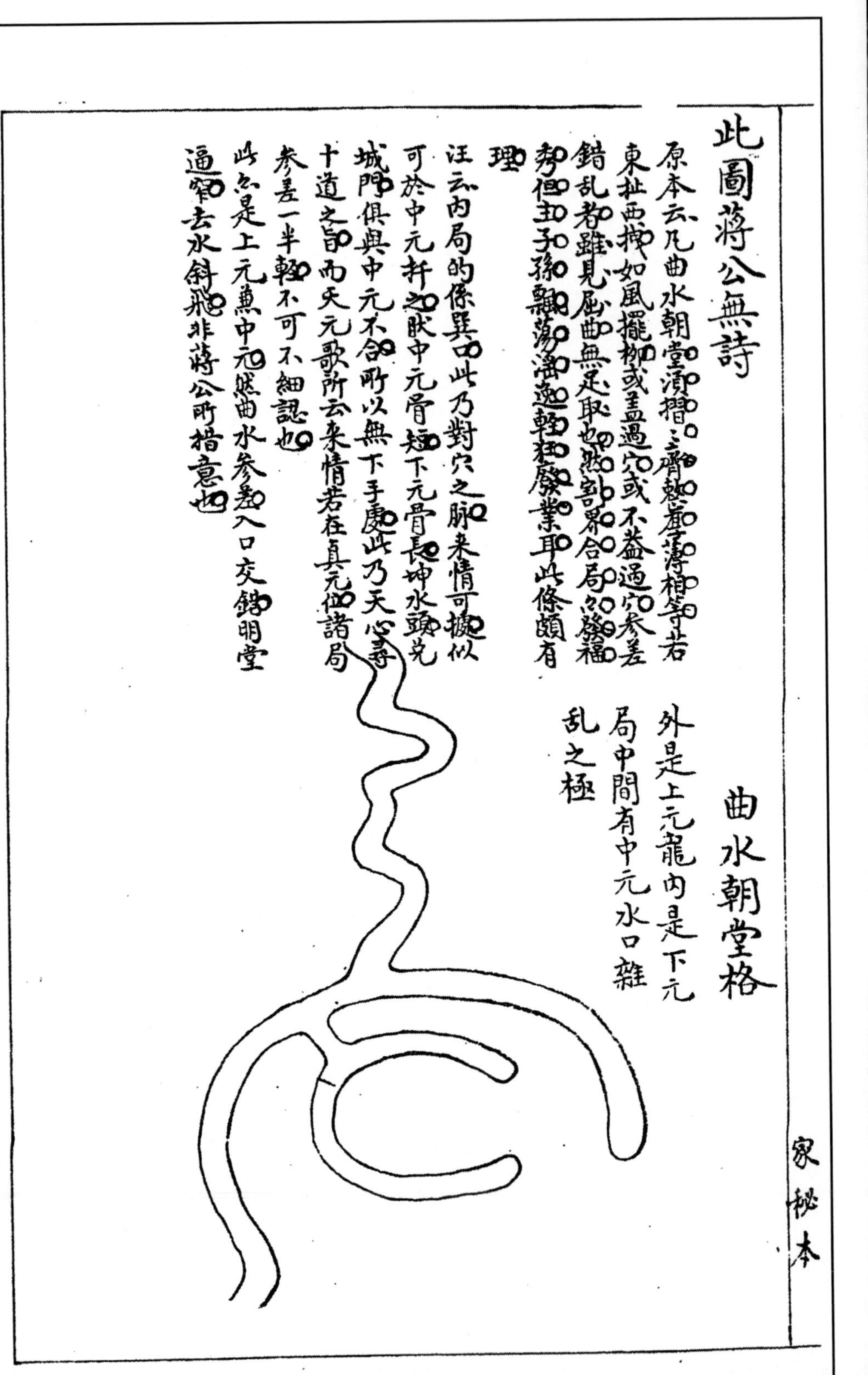

曲水朝堂格

外是上元龍內是下元局中間有中元水口雜乱之極

此圖蔣公無詩

原本云凡曲水朝堂須摺摺齊整庶壽相等若東扯西拽如風擺柳或蓋過穴或不蓋過穴參差錯乱者雖見屈曲無足取也然剖界合局亦發福壽但丑子孫飄蕩滛逸輕狂廢業耶此條頗有理

汪云內局的係巽巳此乃對穴之脈來情可擬似可於中元折之然中元骨短下元骨長坤水頭兌城門俱與中元不合所以無下手處此乃天心尋十道之旨而天元歌所云來情若在真元位諸局參差一半輕不可不細認也

此亦是上元兼中元然曲水參差入口交錯明堂逼窄去水斜飛非蔣公所指意也

家秘本

穴坐金星丙午丁離方水曲坎龍真
高砂更得來三里也是三元富貴根。

羊云坎上高砂步步高出去是為送水歸堂又云此圖外局既全內無復即爵尊福厚丁旺力長美不可言。汪云離水非大抱只是次格送水歸堂亦三合家之訣。原本云凡曲水朝堂須三橫四摺如之如玄節節盤過穴場到穴前不至沖射方為全美若形如纏索無秀麗之態穴前雖見灣抱亦為不吉不沖不破僅可小康一有沖撃分洩必主破壞矣遠水如草之字或如展索而穴前灣抱益得穴過穴上望之不見沖射亦主三四十年發福。
汪云內水濶三丈棺之中心亦遠內水三丈所謂沿着水痕扦貼向也此水稍灣環東西應長五丈從庚口直入的真震兌胥子雖水之北岸東占巳上半字亦不礙以旺能制煞也所謂來情若在真元位諸局稍差一半輕也。

曲水单纏格 上元

內水是震脉就明堂觀之。真入口當在庚位。

午

金

星

家秘本

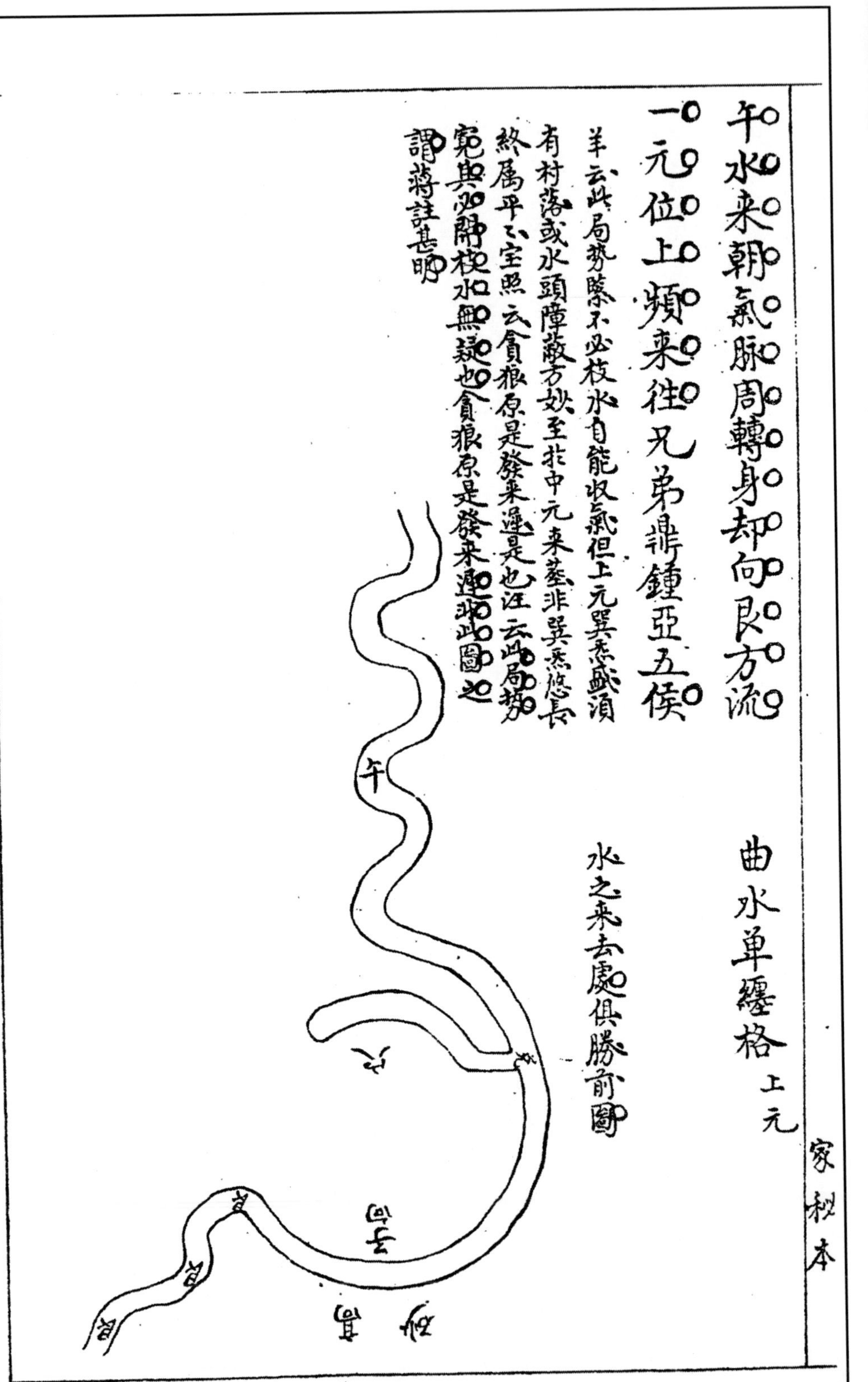

曲水單纏格 上元

水之來去處俱勝前圖

午水來朝氣脈周，轉身却向艮方流。
一元位上頻來往，兄弟排鍾亞五侯。

羊云：此局勢際，不必枝水自能收氣，但上元巽悉盛，須有村落或水頭障蔽方妙。至於中元來塋，非巽悉悠長，終屬平平。宝照云「貪狼原是發來遲」是也。汪云：此局勢宛與必辭枝水無疑也，貪狼原是發來遲，此圖之謂，蔣註甚明。

曲水单纏格 三元

前朝九曲入明堂。兜轉身來向兌方。
立穴上元先富貴。兒孫世世佐君王。

羊云、午水能三元不替。兌水係下元之煞。而仍許其不敗。都九摺與三曲力量懸殊也。

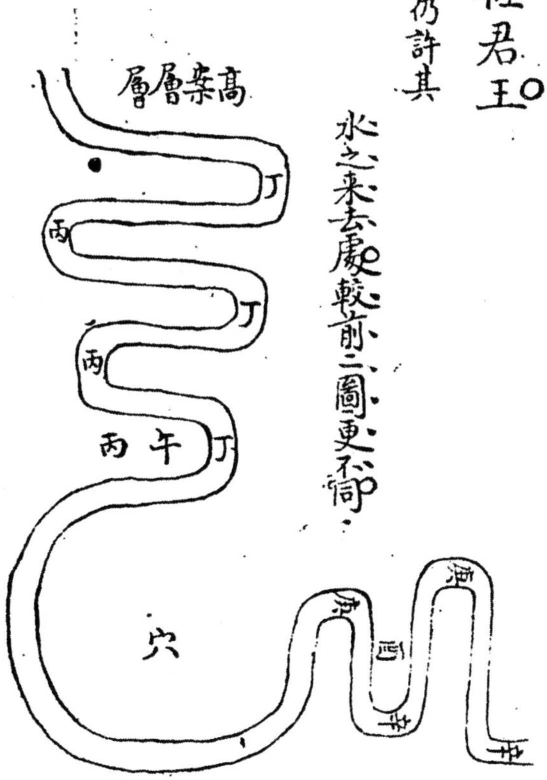

水之来去處較前二圖更不同。

曲水单纏格 三元

此龍名號笑天龍。掌足完全穴在中。

定是三元卿相貴。男清女秀正家風。

汪云上元折此右鉗宜盡於寅、左鉗宜盡於申。楊言要向天心尋十道，將言毫釐尺寸要澄清。其中有出翹聊抱非訛。○也乃動於此，此重於過，又細重於纏，此動於腳穴後，重於穴前，俱宜細叙方識得廣撰輕重銖兩平衡之挪。

此圖即以水之太極為穴之太極。

不必貼南水。

巽巳水来向艮流。中間枝界両乾頭。

中元運旺能發福。一白元中作廢坵。

羊云此局水来不清。只許中元一班。下元勉强。到得上元休矣。○汪云。幹水雖微。滯而氣聚。散洩不可倚以立穴。然其自午至子。是上元骨子。故小水承之。巽口乾頭。得成中、元下、小局。若幹水自子至午。與小水自卯至酉。同是下元骨子。中元豈可扦乎。

原本云。凡穴前一水横行。與曲水合流者。須再得小枝揷界於後。方敢收曲水之秀。凡水之力。有勝於無。大勝於小。抱勝於過。多勝於寡。揷勝於直。無制勝於有制。如此圖坎水離水。其抱同。其止同。而坎獨二重。宗勝離水。但中元坎水為煞。不可用。惟穴親坎水。則艮口乾頭。足以制煞而助水獨勝。可攀之以立向矣。若更開瀦尤為得力。小水皆西揷。似乎兒烝難當。然貼水立穴。三面水氣周流融聚。宗地風吹何足深慮乎。

曲水单纏格 中元

此即蔣公所謂掌、足之形也。水向前之水。瀦於坐後之水。方可立午向。

高砂

丁 午 丙

乙

向

穴

艮

薄

薄

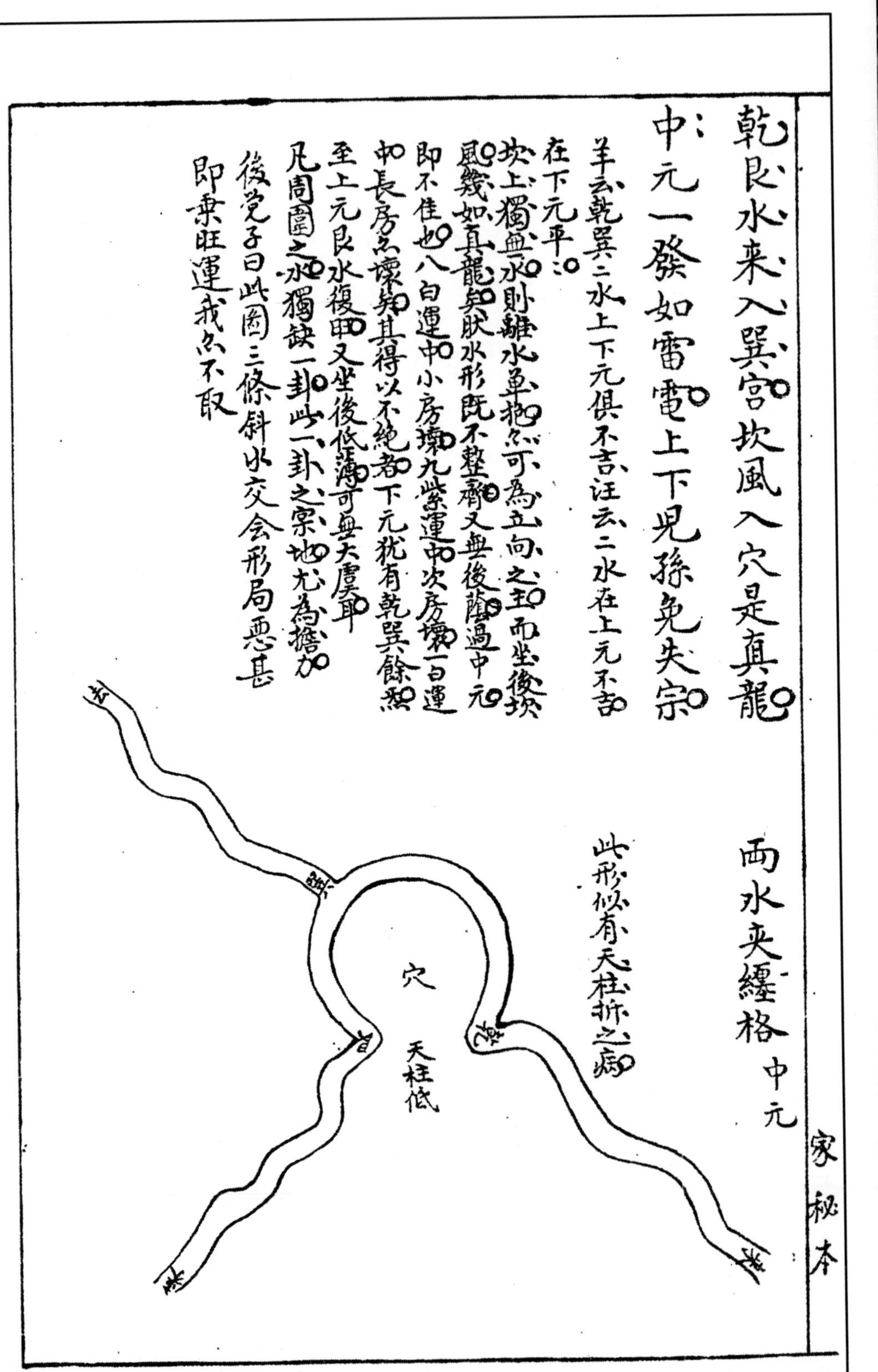

乾艮水来入巽宫。坎風入穴是真龍。
中〻元一發如雷電。上下兒孫免失宗。

羊云乾巽二水上下元俱不吉。汪云二水在上元不吉。在下元平〻。

坎上獨無水則雖水单抱亦可為立向之主。而坐後坎風幾如真龍矣。然水形既不整齊。又無後蔭。過中元即不佳也。八白運中小房壞。九紫運中次房壞。一白運中長房亦壞矣。其得以不絕者。下元猶有乾巽餘氣。至上元艮水復甲。又坐後低薄可無大虞耳。

凡周圍之水獨缺一卦。此一卦之宗地尤為搶加。

後覺子曰此圖三條斜水交会形局恶甚即乗旺運我亦不取

两水夾纏格 中元

此形似有天柱折之病

家秘本

砂水相朝秀氣鍾。更兼坐後有凝龍。
上元穴此多卿相。任是三元福不窮。

蔣公云、得運痴龍能富貴。外情內氣要相從。此是向痴龍立穴者也。內煞指貼身砂水。又云、帶秀痴龍尤顯赫。痴從後蔭福無窮。此是坐痴龍立穴。如本圖是也。

汪云、此圖蕩水甚濶大。右水乃其餘波。又去穴稍遠。雖盡於巽辰。亦不為上元所忌。又云、坎上去水。悉不入穴。到下元得令時。照神浮煞。却於穴大有益。蕩之加尤大於揖。坐在此。則非攀在後矣。交媾之理如是。

水纏玄武格　三元

蕩

午

丙

家秘本

水纏玄武格 下元

水。纏。玄。武。下。元。龍。前有高砂離氣鍾。
百子千孫龍變化。狀元榜眼及神童。

羊云若坐後乾艮村落層窩獨於坎上開敞十里廿里愈遠愈妙時師徒未夢見也。

汪云乾艮邨落層窩似可不必。

首二句言當於下元扦之。幹水三搭的真上元。枝水四搭的真下元。賓主相配。發福悠久。百子千孫。豈非貪狼所致哉。

據圖。砂高則貪狼為暗拱。砂不高則貪狼為照神。非攀之也。攀雖稍遠。而不知要不近。雖係於向。而不係于所坐之水。宜察。

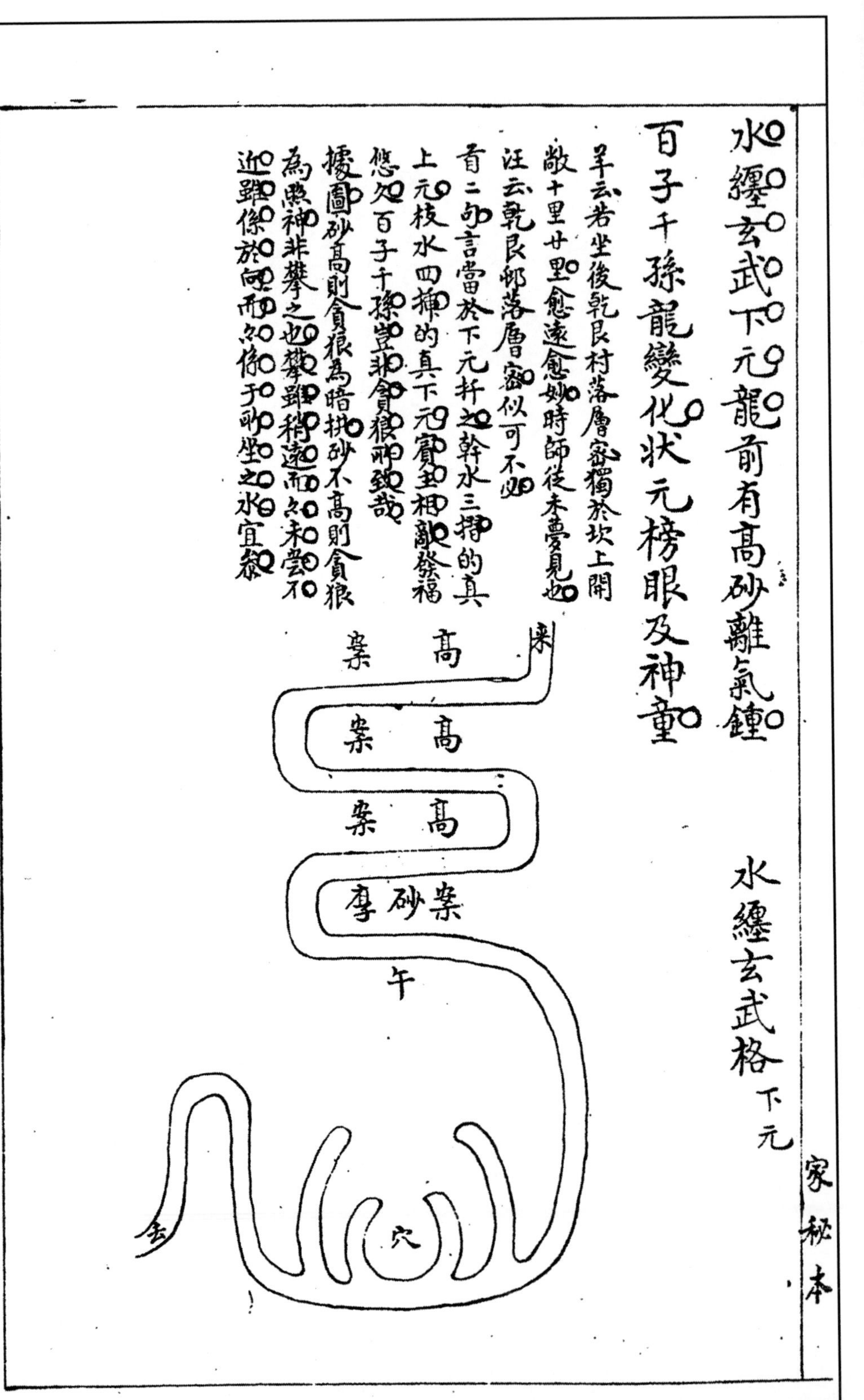

水來坤卦向辰流。枝水割界兩相投。下元穴此多福澤。一白元中萬事休。

羊云。坤水呈秀。應在下元發。注云下元龍本少餘氣。初交一白。坐水已作凶星。安得不壞。此格坐後之水。不必比向前加潤。以向前貪狼水可以並強。而坐後多一抱。竊主已絕也。幹水兜收。純是離氣。故易發亦易敗。離水圍抱。上元決不絕。

水纏玄武格 下元

坤
未
高
棠
丁
午
丙
巽
辰
穴
卯
壬
子
癸
低

蔡照堂傳

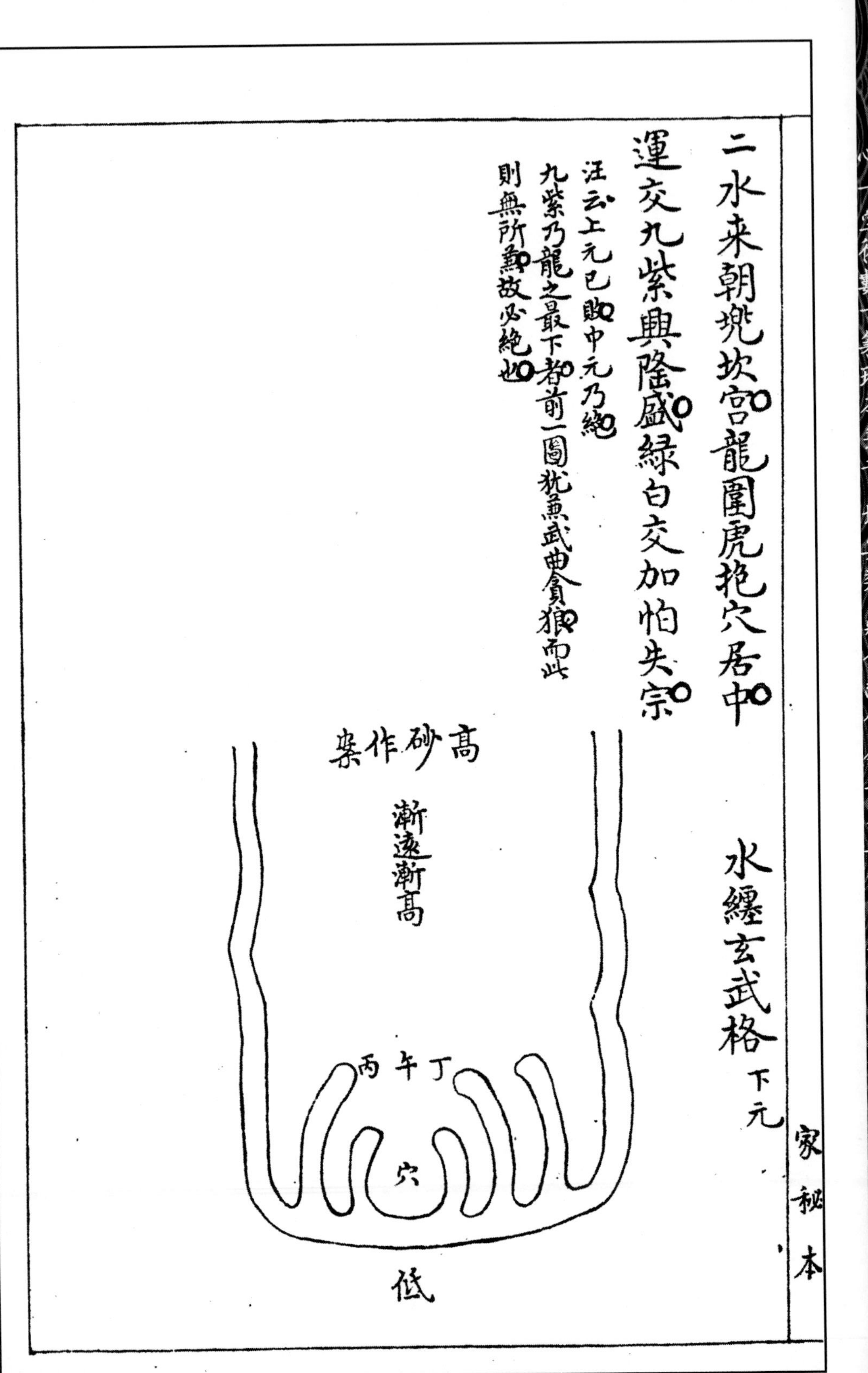

二水来朝兜坎宮。龍圍虎抱穴居中。

運交九紫興隆盛。緑白交加怕失宗。

汪云上元已敗。中元乃絕。九紫乃龍之最下者。前一圖犹兼武曲貪狼。而此則無所兼。故必絕也。

水纏玄武格 下元

向水安坟怕巨浸。中藏砂案是金星。
穴乘坎炁元元旺。種德攸寧萬世興。

汪云。向水安坟怕巨浸。以向前一望低空也。此有金星砂案。故佳。砂水本有多邀而蕩尤甚。苟非種德。安能長有此三元不敗之局乎。

順水界抱格 三元

順水即元辰直出之謂。凡水之自北而南。復自南而北者。彼皆謂之水纏玄武。而目為上格。凡自南而北。不復自北而南者。彼皆謂之元辰直出。而目為次格。

家秘本

順水界抱格　三元

曲水彎彎不整齊。其中作穴怎相宜。雖然枝水多環抱。久後敎名犯自欺。

羊云此名午加。但来源不真。曲折又不端正。雖發富貴。如亞嚴嵩秦檜之類。

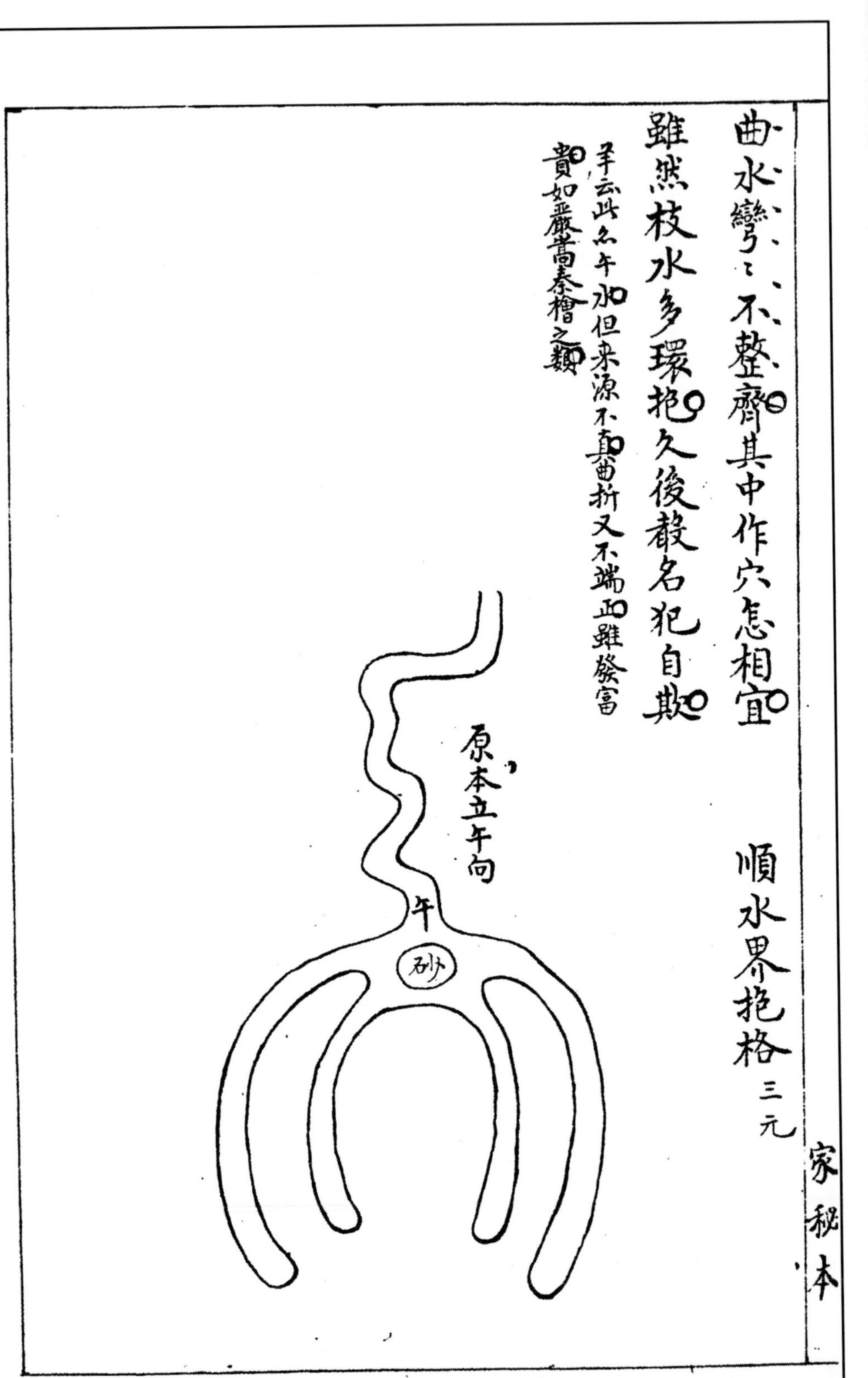

水流屈曲似飛龍。穴點鉤中。坤氣雄。
先在上元開甲第。中元旺相一般同。

此謂右一圖也。穴點鉤中。是點穴於鉤之中。而作子山午向。水來于离而盡于兌。則宗地坤炁之雄可知矣。下元時。离脉兌頭坤門。俱犯煞而安得不壞。左一圖即此可推。或云右圖坤向左圖乙向。是脉正而穴偏。非蔣公之法也。來脉長。結氣厚。穴宜正中。不必過於貼水。右圖之坤方。左圖之卯方。皆不可低陷。亦不可有高屋相逼。障礙天陽。

順水曲鉤格 上元中元

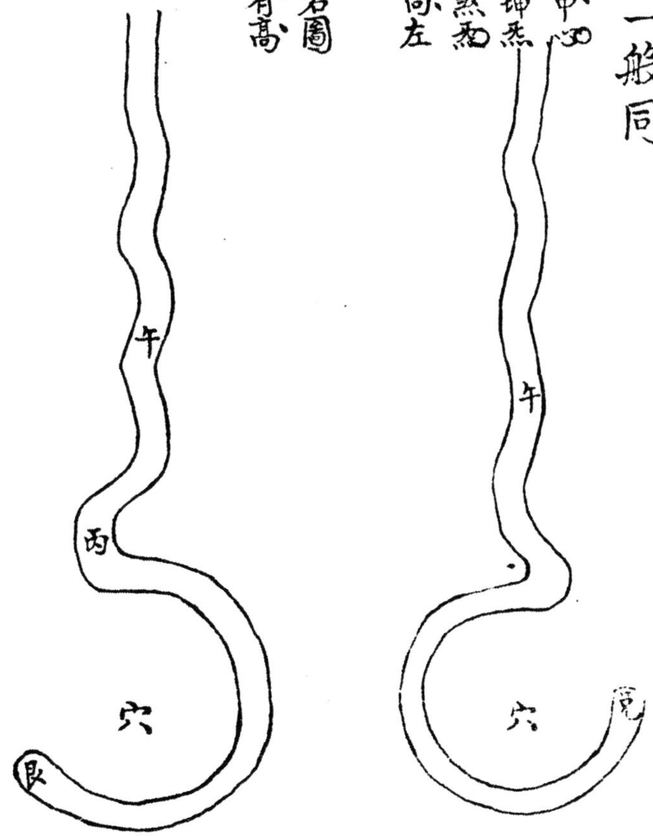

午
兌
穴

午
丙
穴
艮

蔡照堂傳

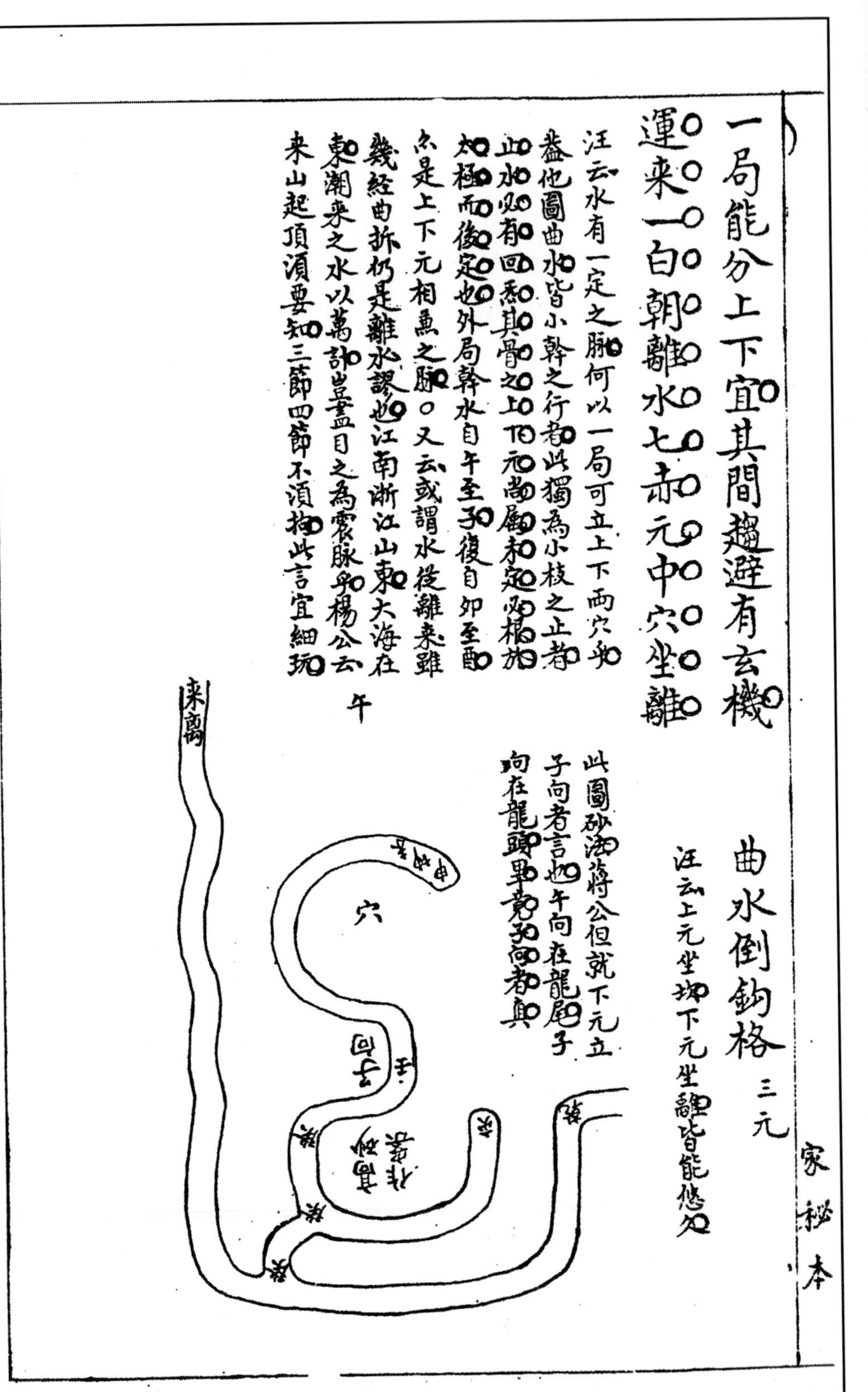

一局能分上下宜。其間趨避有玄機。

運來一白朝離水。七赤元中穴坐離。

汪云：水有一定之脈，何以一局可立上下兩穴乎？蓋他圖曲水皆小幹之行者，此獨為小枝之止者。止水必有回，回悉其骨之上下元尚屬和，起必相旋，如極而後起也。外局幹水自午至子，復自卯至酉，亦是上下元相兼之脈。又云：或謂水從離來，雖幾經曲折，仍是離水，謬也。江南浙江山東，大海在東，潮來之水以萬計，豈盡目之為震脈乎？楊公云：來山起頂須要知，三節四節不須拘。此言宜細玩。

曲水倒鈎格　三元

汪云：上元坐坤，下元坐離，皆能悠久。

此圖砂法，蔣公但就下元立子向者言也。午向在龍尾，子向在龍頭，畢竟子向者真。

家秘本

不標元運。亦無詩訣。其為蔣公之所不樂聞可知也。

艮水離水係上元。坤水係下元。乾口巽頭係中元。內局賓主不分。難以下手。

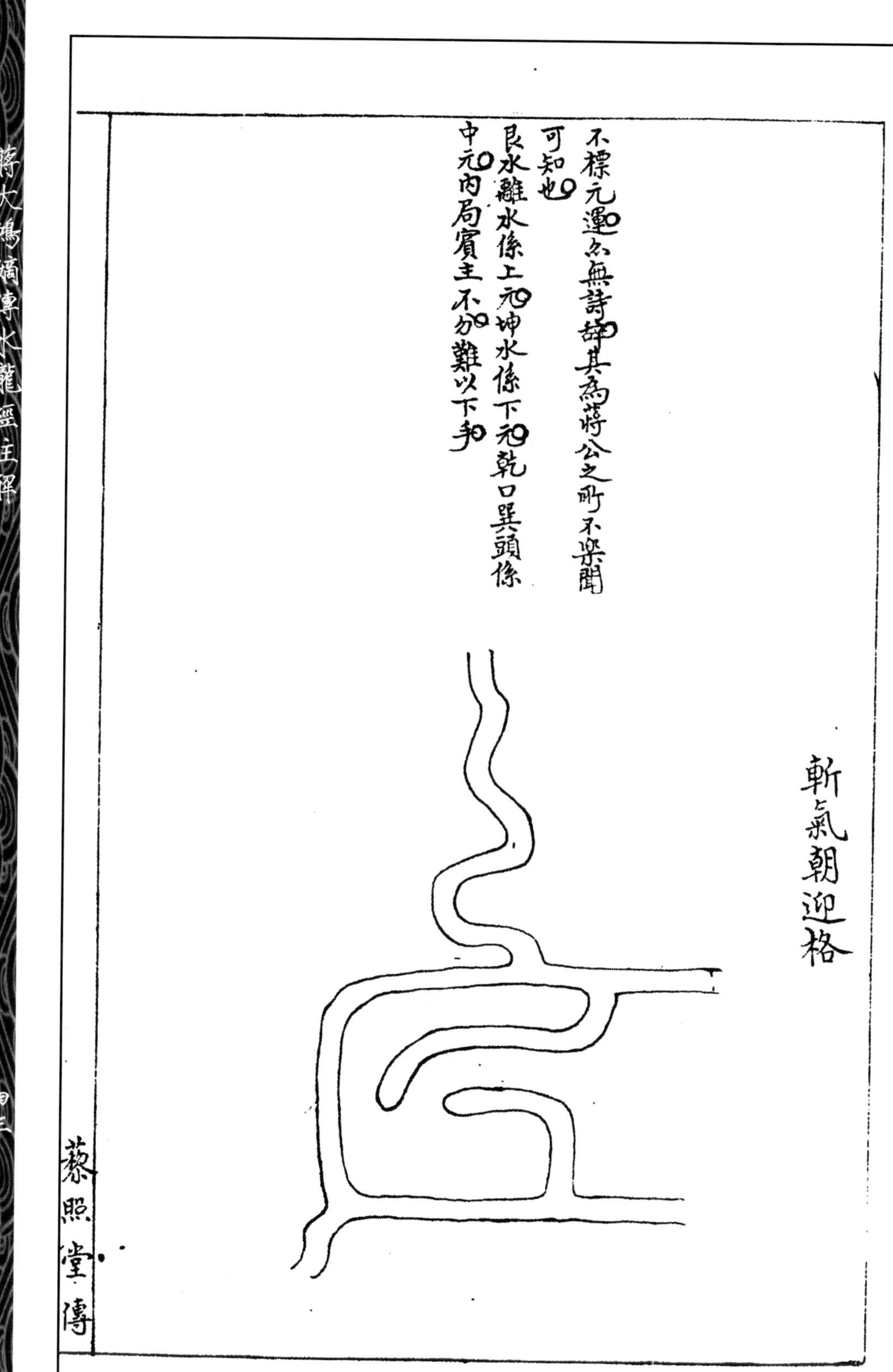

斬氣朝迎格

蔡照堂傳

穴親卯水兌氣與。下元先發上元興。

却因午上来呈秀。蓋久方能出巨卿。

汪云。觀兌乘真三字。則兌方之為宗地明矣。原圖南小枝盡於兌。可知其失真也。又云右水係下元局。上元骨。惟到頭一節係下元骨。而局能助之。所以下元可抑。却以枝的係上元。骨子向上。離水藉以入穴。故運轉上元。必能大發也。

高
高
高
高
丙　午　丁
坤
坤
申
乙卯
穴
薄

斬氣迎朝格　下元兼三元，

汪云。此圖形甚不美。若地局窄小。尤忌之。

家秘本

離方曲水似龍蟠。坎上龍來局勢寬。
坟借枝水來邀倖。中元卿相及高官。

汪云、或云、此穴前朝曲水、坐後龍來、未免陰陽倒置、須坐離朝坎、始為合法、此人尚未知攀龍、何況倖秀。又云觀後圖原本云。可知此圖辰字乾字、皆原本所標、幹枝之出口處也。蔣公即其三合之圖。明三元之法。厥功偉矣。

此與第十二圖相似。而曲水較整齊。彼巽脉短。此乾巽脉皆長。彼內局屬下元。骨多。此內局屬中元骨多。又穴前橫水離長坤短。故中元可發。甚矣天心十道之不可不尋也。

遠朝倖秀格　三元

此局當於中元下之

遠朝倖秀格

之字水來入明堂。枝水金盤抱穴良。
下元穴此多福澤。中上猶能事事強。

原本云此圖卻非他方另求一水。割成金盤仰掌勢。托于曲水之下。亦名倖秀。穴後又得一枝水包裹於玄武。若得此水與曲水合從作一路而去。則水口當以曲水為主。若不從曲水而與坐下水合襟。則水口當從坐下水論。其去屈曲回頭交鎖織結。不至滲漏。方為大地。其曲水去處雖不回頭。亦不為害。蓋坐後水乃龍之元辰。而曲水乃客水也。不過邀倖客水之秀。以發福耳。此等當以過房入贅而發。或他途綽藉登科也。汪云。據彼之意。曲水在午。出口當在戌。坐水在子。出口當在辰。皆三合謬說。錄此以明其當刪。而蔣公謂其於真傳正訣尚隔一山。非無証也。

蔣公遺一遠朝倖秀格。外卦反旺。內卦反衰。與此詩下元先發福之指正相反。細考之。內係辰戌丑未局。立穴未向。挾右水。頭右水和丑和。脈却坐在癸子丑加艮。與向節坤水搭應。故得發於下元。而上元繼之。奇極。

丙　午　丁

穴

此穴宜貼水。以坎上無曲折也。水口在癸。或云本卦之水不可漏。即此可証其非。

衆水来歸聚、穴前。氣周、脉周、蔭多年。
上元財富能敵國。安坐三元福禄全。

此圖穴前有畜水。與衆水門、不同。凡尋常幹水。忽有三四道小枝分流而去。是謂衆水門。

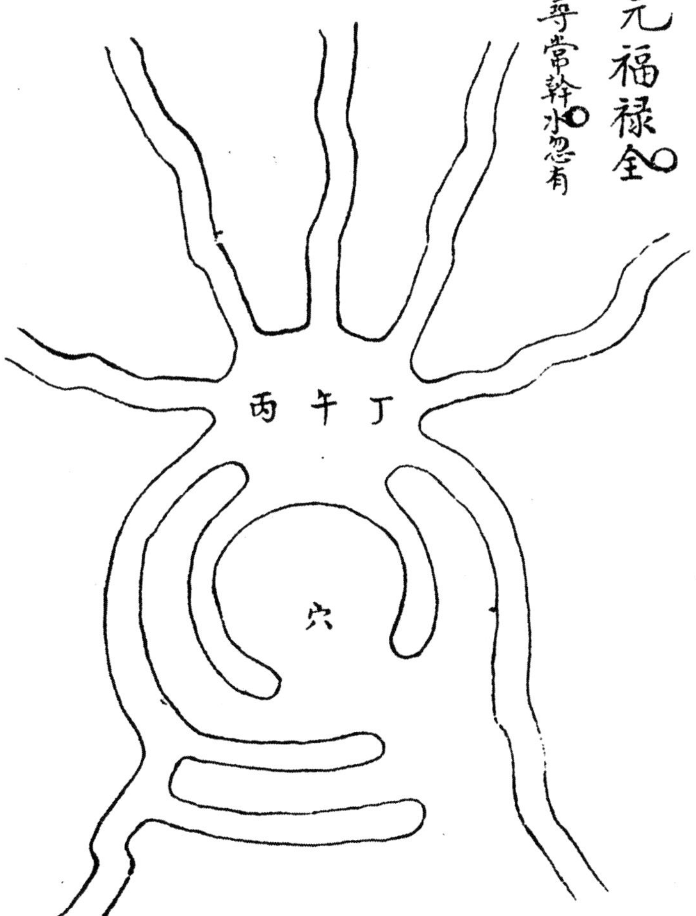

流神聚水格 上元

丙　午　丁

穴

流神聚水格　上元

水欲聚來氣欲鍾○坐衆正脉上元龍○

連綿科甲朝朝有○白屋人家產巨公○

汪云庚酉辛水勝前一圖○

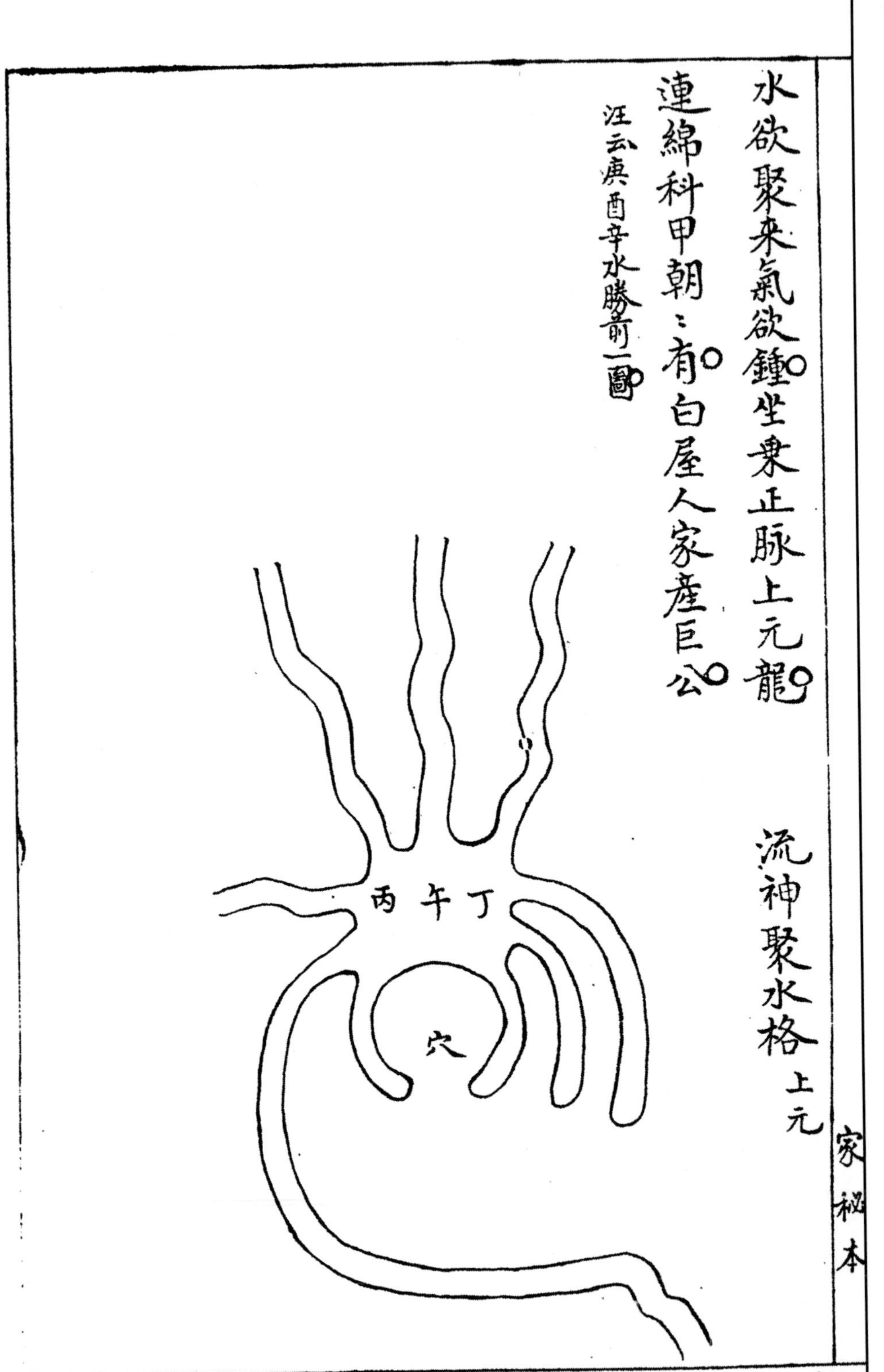

家秘本

乾○宮○來水○離○宮○聚中有浮砂作案星○
立穴三元皆福利兒孫四綠始登名○

羊云穴後水纏不正○久後子孫必有奸佞之流以致敗亡者○

汪云離水似秀異禍○惟乾水曲折有、力○故許其成名于四綠運中○

此與第二卷抄估一圖相似○大約一發即敗之地○

乾水長○骨以巽為主○離水加○局以坎為主○

流神聚水格 三元

此圖當於中元扦之○右水乾脈巽○上元決不可如圖立穴○

流神聚砂格　三元

水勢汪洋却聚砂。其間作穴宗堪誇。
看来也是三元地。水内安坟今古佳。

羊云、此種圖局江南湖蕩中多有之。但砂緊氣蓄者鮮耳。

歸厚録云、衆水浩浩。一隅可吸。衆水奔趨。一隅曲曲。水聚砂回。停停滴滴。不散不漫。真炁已蟄。

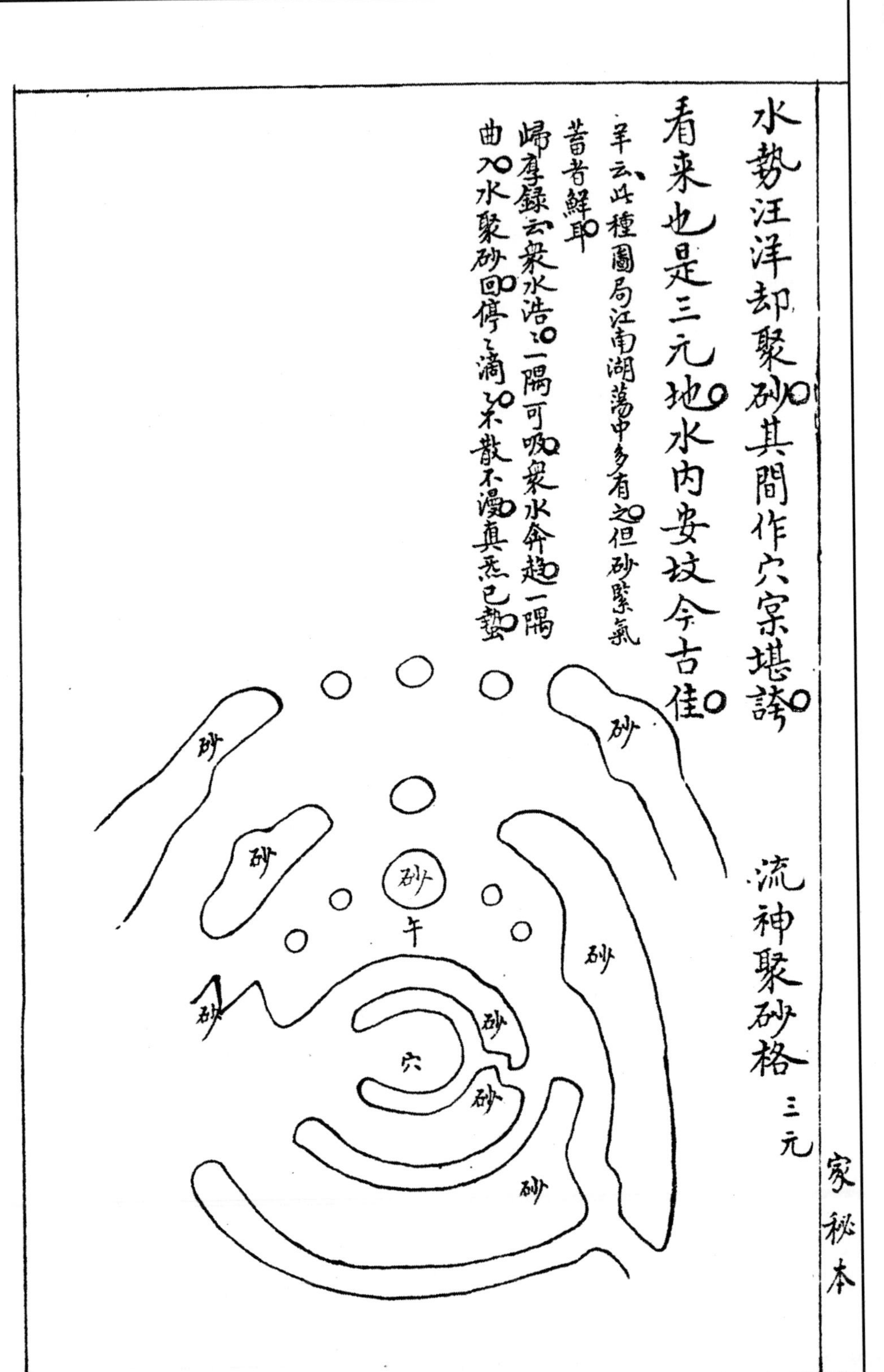

水勢周環合面南未可慳然執一端
只為離方水太濶坐基須遠得安全

汪云水太濶其方位難以一宮故穴宜遠之
羊云凡向湖蕩立穴必以水相距尺寸較長短遠近
真秘訣也
汪云棲圖立穴宜稍進方接得大水之氣又云凡向
湖蕩立穴裁其尺寸猶在水痕之內故雖坐一實地
之卦亦無天柱折之病學者辨之
坐水騎龍為上格痴從後蔭福無窮此蔣公之言也所
謂一端者指此只為離方水太濶坐基須遠得安全
可見方位不清亦足為害

流神聚水格 三元

汪云當於中元下之

丙 午 丁

穴

水城環抱坎龍真。立穴中間萬福臻。
富貴雖然難顯宦。三元安坐有教名。

此中間乃左右鉗之中間。即承上文環抱而言也。

原本云內水如鉤。外水如帶。

章云此亦以坐後水濶狹定立穴之遠近。汪云包裹重重。地氣溜聚。穴抱出則如如是不必拘。但不可太遠。失緊湊之意耳。脈淺而局窄亦能小旋。

一水橫攔格　三元

當於中元下之。

家秘本

午丁之水三元旺　不用前篇議論重

更有一端真妙訣　却將長短看來龍

前二圖一云坐基須遠　一云立穴中間　則此所看來龍長短　乃立穴之妙訣也　丁上水短　午上水長　合勢來朝加猛　而氣充　故立穴宜稍遠　若午上秀水　僅於向前橫過　則向為空向　而坐後窮地　而鉗水束之　必有天柱抑之象矣

父母水

午

丁

穴

一水橫攔格　三元

穴要窩鉗脉到宮此圖坎氣是真宗
高砂崙起明堂濶安坐軍州建大功

羊云此局穴後有火星主出武職汪云穴後當起金星以轉相摹繪爻而為火星也環水有凹凸之處似乎動而不靜故當以武功顯

觀此圖點穴貼水則前圖之有來龍長短為立穴之妙訣無疑矣

原本云好水灣環巧如帶此水法之最佳者若當面有小反可以人力改圖左右各開腮水插進作內蕩則不見其反矣如此圖三房均發福力悠久○汪云以第二卷考之金城抱穴初不慮其小反也

一水横攔格 三元

此必父母水

薄

薄

此必父母水

家秘本

局寬氣散難安穴更有真機為汝說
此是下元九紫龍並無正脉多兼雜
羊云穴後水太大氣反不聚汪云决不能聚於一宮
此圖左右抱水與他圖不同或由壬至丙而兼亥巳或由癸至丁而兼丑未所以謂之無正脉也脉既不清將乘何運以下之

界水前抱格 下元

家秘本

界水外抱格

水抱偏環艮氣侵。如何下元亦不興。只為離方水瀉大。坐來正脈始為真。

汪云遠水立穴作下元艮向左鉗自坤來盡于乾右鉗自巽來盡于卯似皆合法然而不興者以此蕩午水為主局不合運向不合局皆非宜也既有坤水與離上元决不可抑惟于下元于子向則八白運中可以驟富一交九紫貪狼化煞其敗立見矣。蕩水帶鉗其骨似坤煞以幹枝論之的是離水。

羊云離方小池不成星體一發便退

午

此是上元午向之格。水從艮方來。艮水獨大。穴前午水獨一折。砂爲金星。其本身之砂。坎巽甚長。震巽微長。可稱合局。

湖蕩聚砂格

湖蕩聚砂更整齊。其中立穴有真機。
三元貴顯原無分。安坐鄉邨守釣磯。

水勢渙散。家室不甚贏餘。砂體整齊。子孫必能良善。

湖蕩聚砂格 雙盤龍勢

此下共十九圖蔣公不錄今姑存之以廣後學之見聞

蔡照堂傳

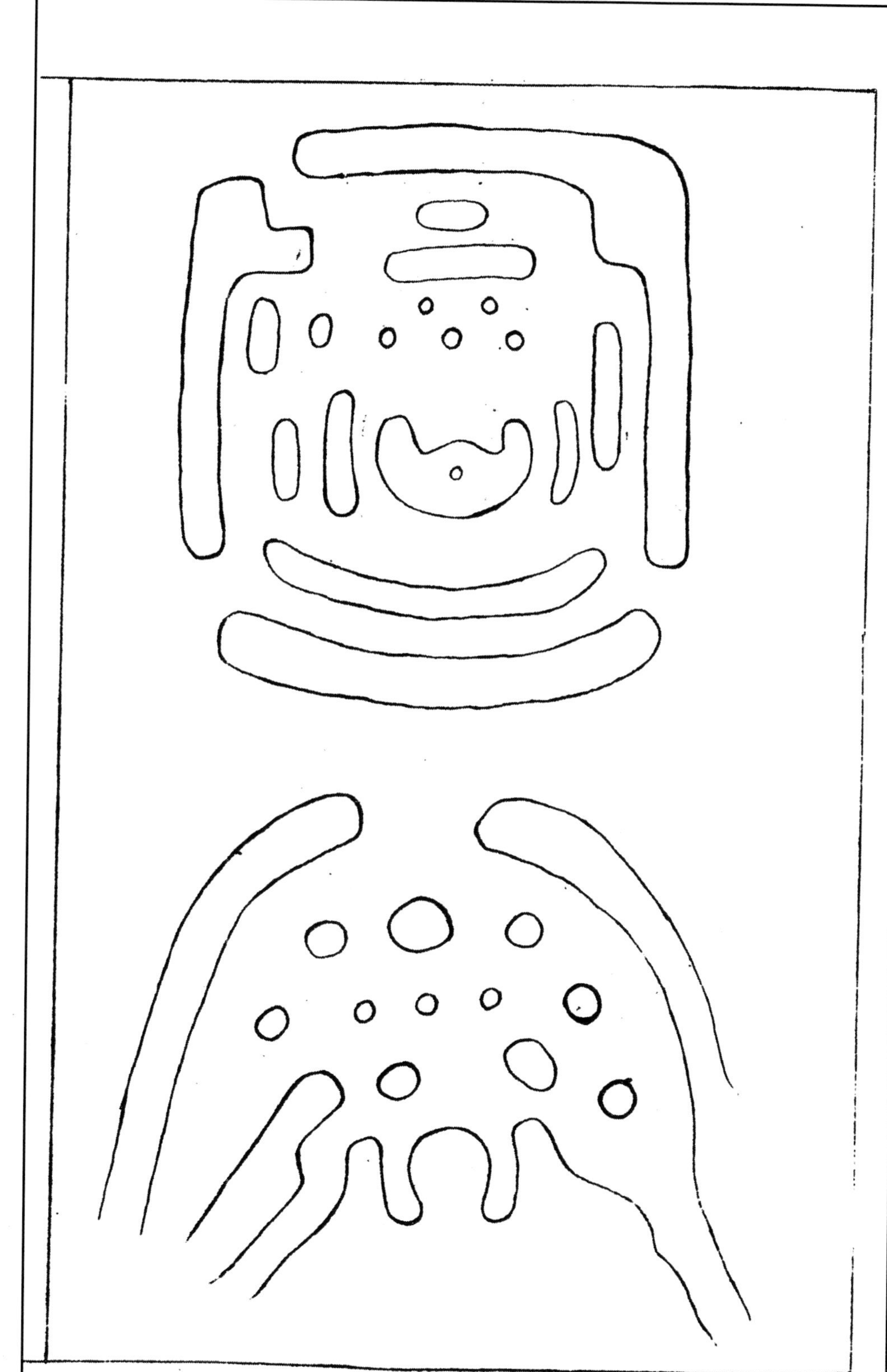

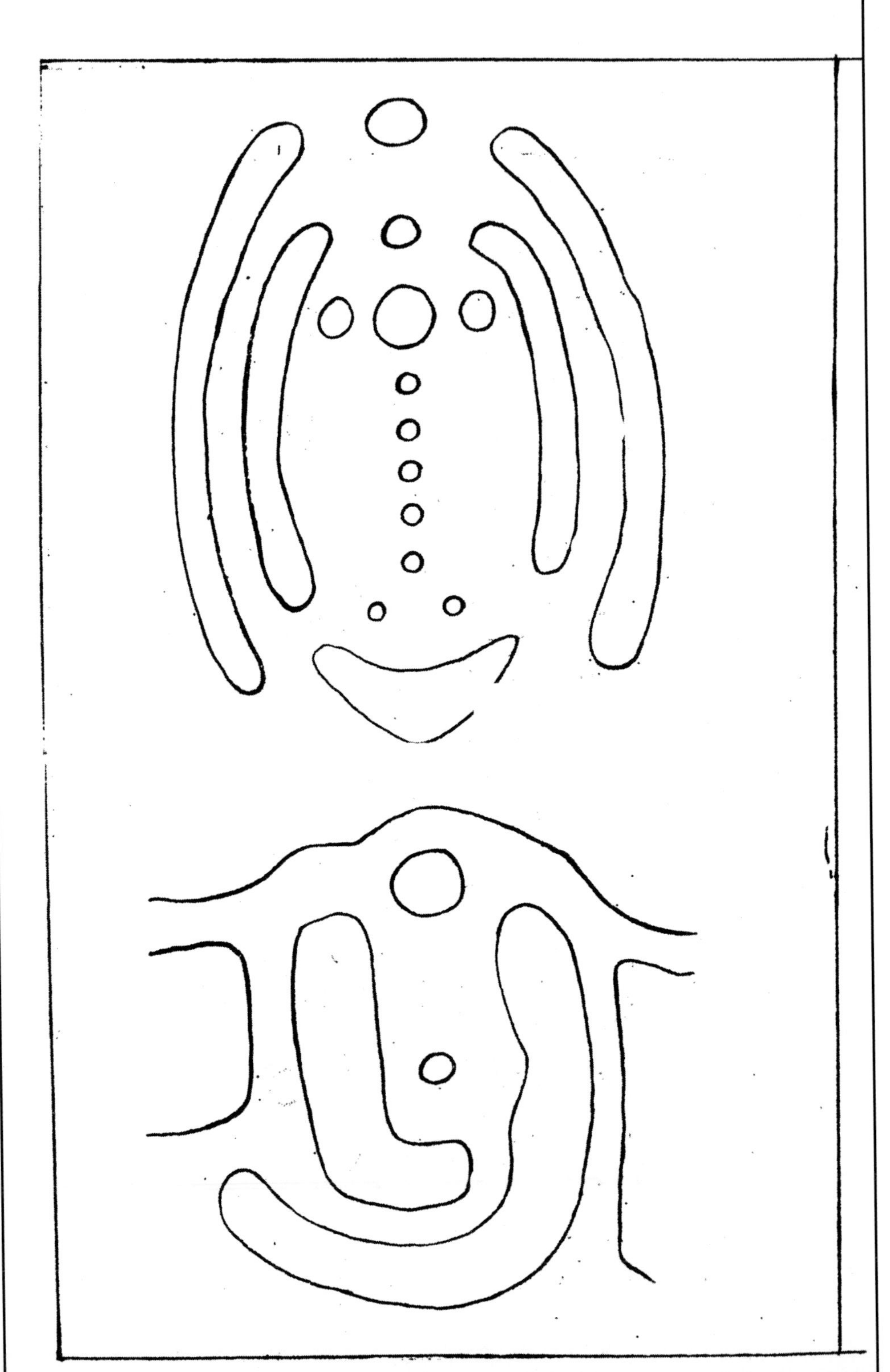

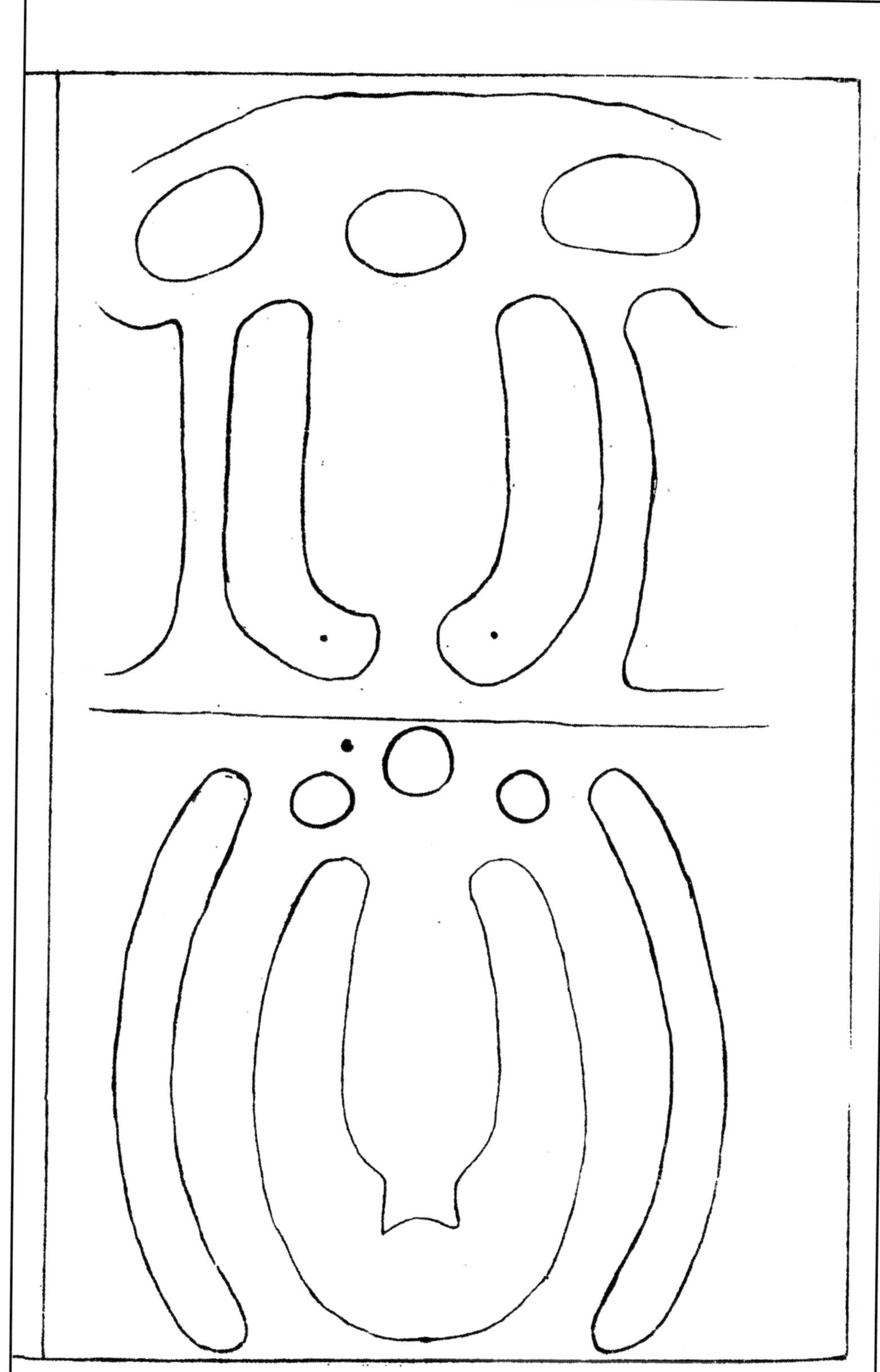

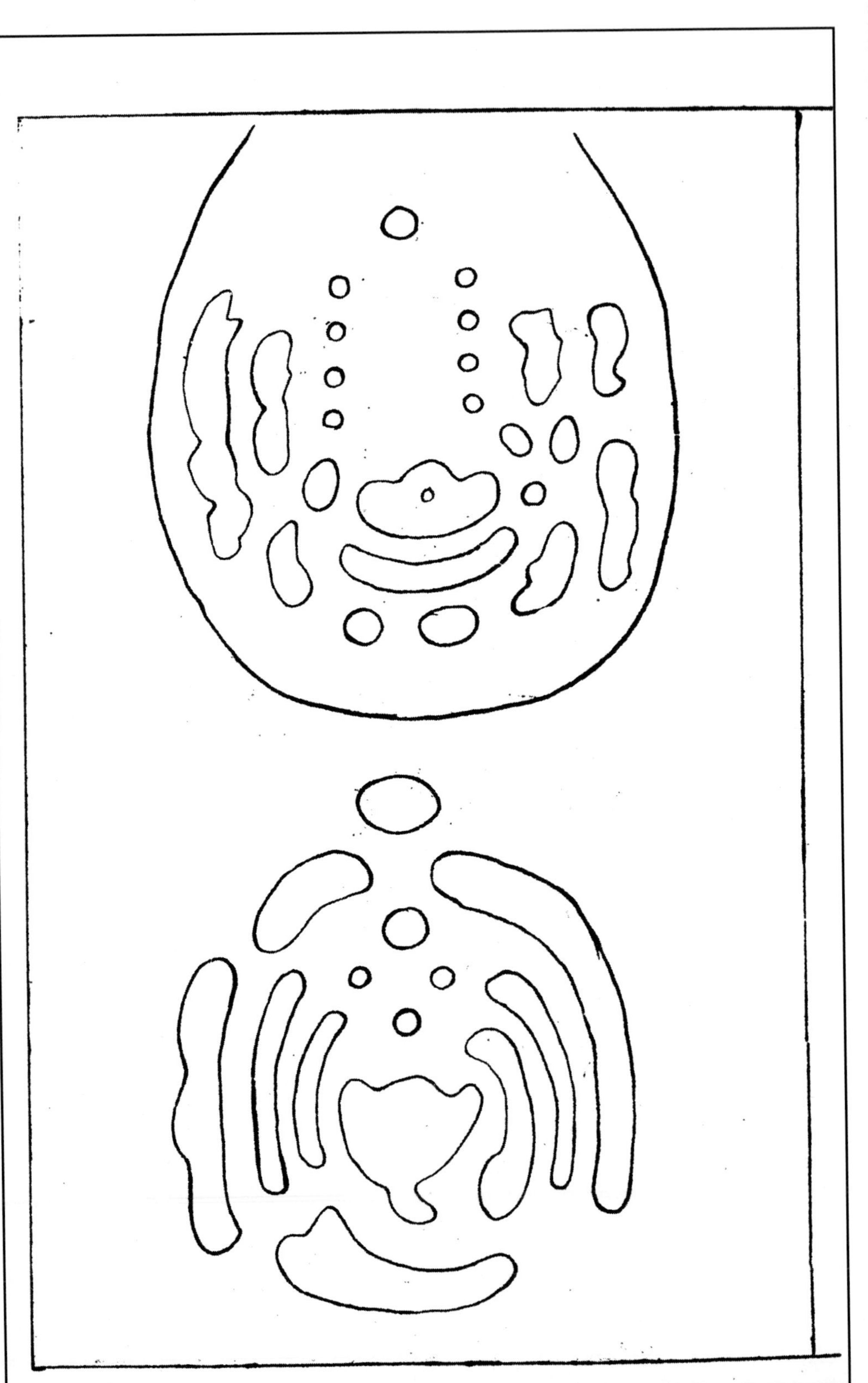

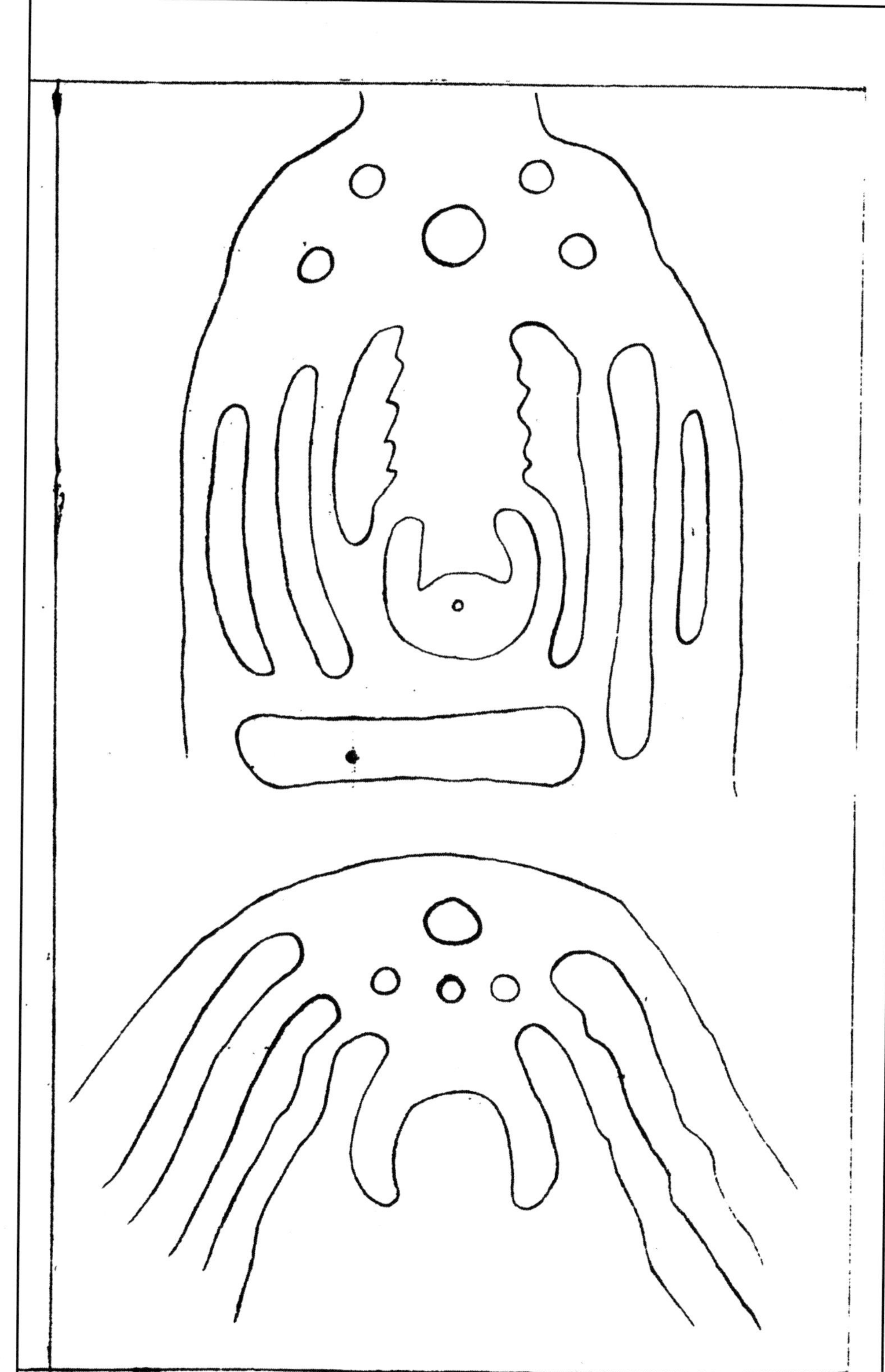

界水無情格

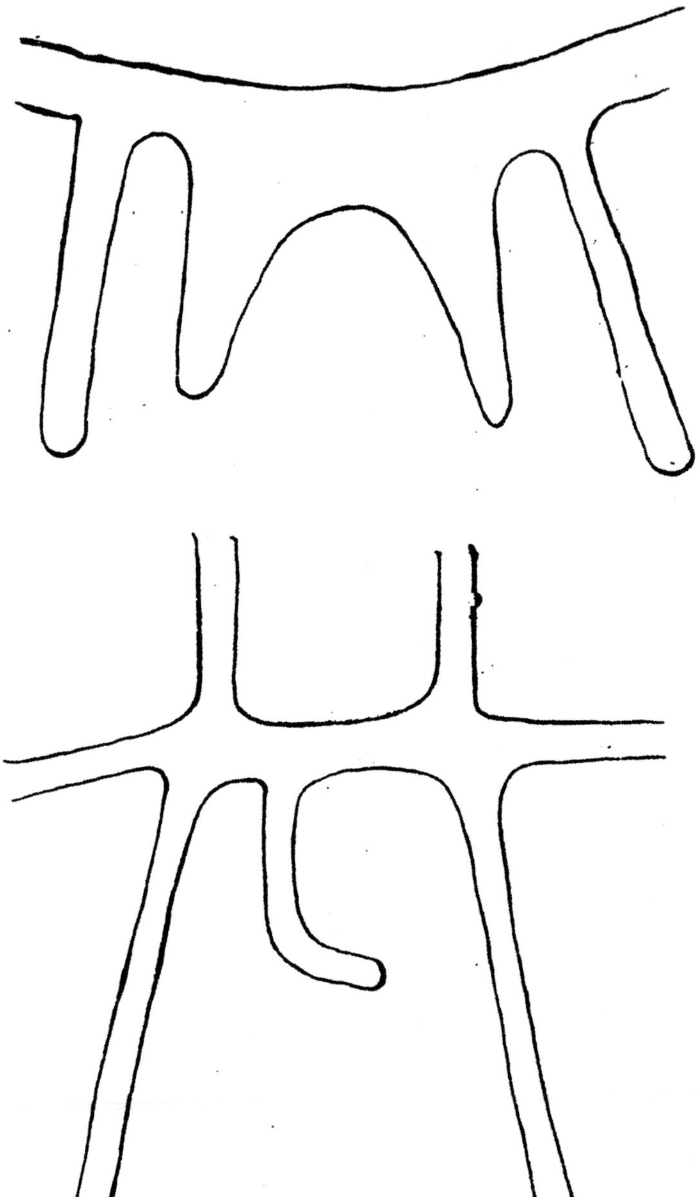

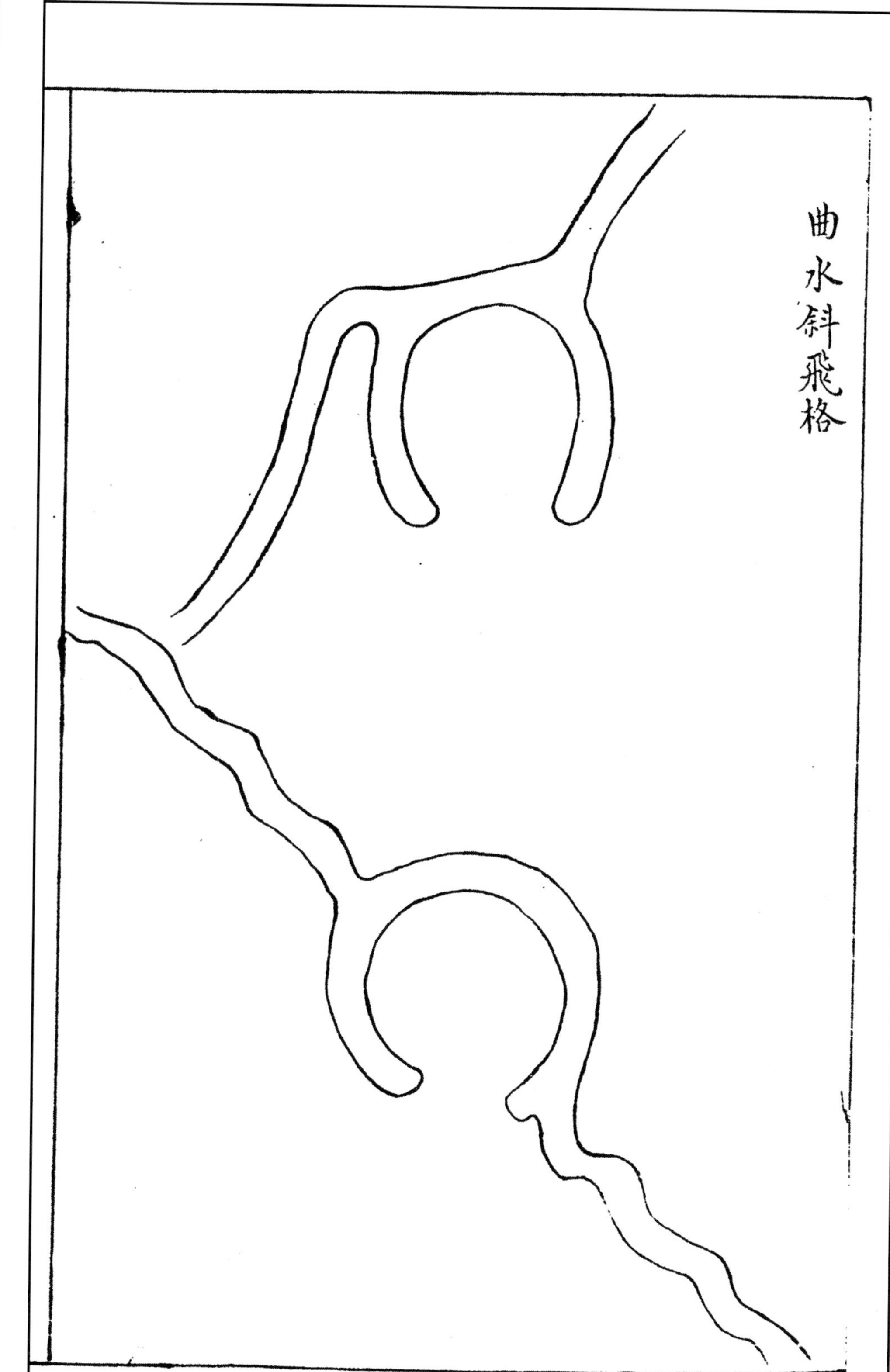
曲水斜飛格

来水撞城格

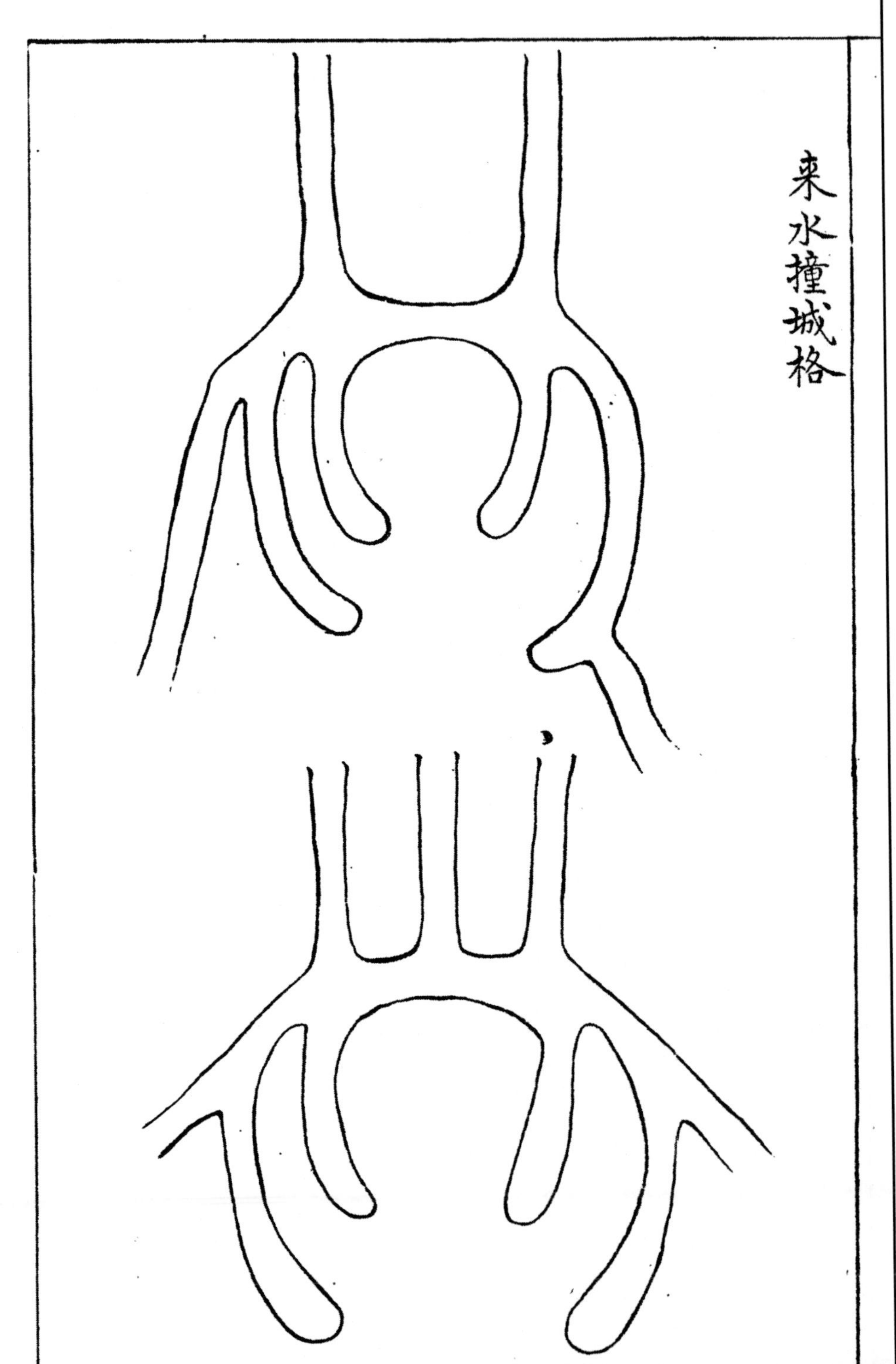

有貼穴之星，有入穴之星，蔣公就其書之言貼穴而謂入穴者，已寓乎其中，示人之意至深切矣。

水龍經第二卷

此卷專言水龍貼體吉凶形局而入穴星體已森然燦列於其中此水龍肯綮扼要之書也亦不著作者姓名言都鄙俗而我以為此必楊公真本千年以來師師相授之秘旨也開卷先言五星而五星之中惟取金水土三星為吉木火二曜皆凶與山龍少異山龍有五星起頂頂下即結真穴亦有行龍穴星皆木星結體彌見貴秀水龍則一見木火立見災禍推原其故總為水形喜柔莊而惡剛直宜轉抱而惡衝激金水柔莊而土形轉抱與木火之剛强衝激者性情判然矣是以五星既別而即繼

之以遠抱、反抱、收氣、漏風、蓄聚、分飛諸格。辨之最詳。亦即五星之變體。而引伸觸類以求詳之者也。夫先明枝幹之義。則行龍之體格大畧已定。繼明五星之正變。而後入穴之作用得其主宰。後有學者。苟有意於楊公之術。專於是書深切而體驗之。水龍之道。思過半矣。過此以往。三元九宮之法。庶幾其有逢原之樂乎。

大鴻氏記

水龍經第二卷

論幹○枝○

大水汪洋是幹龍○枝龍作穴出三公○

細認三叉是何卦蹤跡○以分元定吉凶

擺圖○棄死就生○迎神避煞○儘可臨時酌便○

此所點穴○不過略存大意而已○

枝龍作穴須長久○

幹龍氣盡不須求○

羊云此二圖為枝幹相扶之式法當去老就嫩去死就生穴只龍頭龍腹二穴一入口在巽為中元之龍一入口在巽艮為上元之龍

汪云上一圖三义城門雖在巽方宗則自卯至酉為下元龍也其右抱由子至午而駐足於坤方皆為下元龍此乃下元時親子水立午向之格局也下一圖三义城門雖在艮方宗則自巽乾（至亥）為中元龍也次向酉為下元龍次向坤為上元龍次向離為下元龍次向巽為中元龍若於中元時下龍頭穴立巽向收乾氣以與城門相合斯亦三元安穩之格局也若嫌幹水斜飛則作龍腹穴親酉水立卯向當于上元用之

附圖一

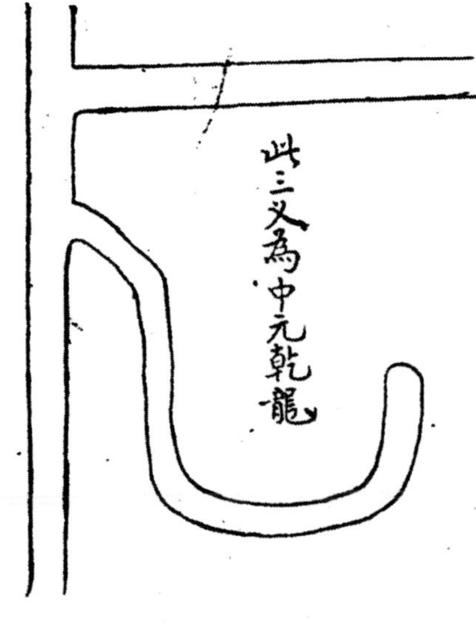

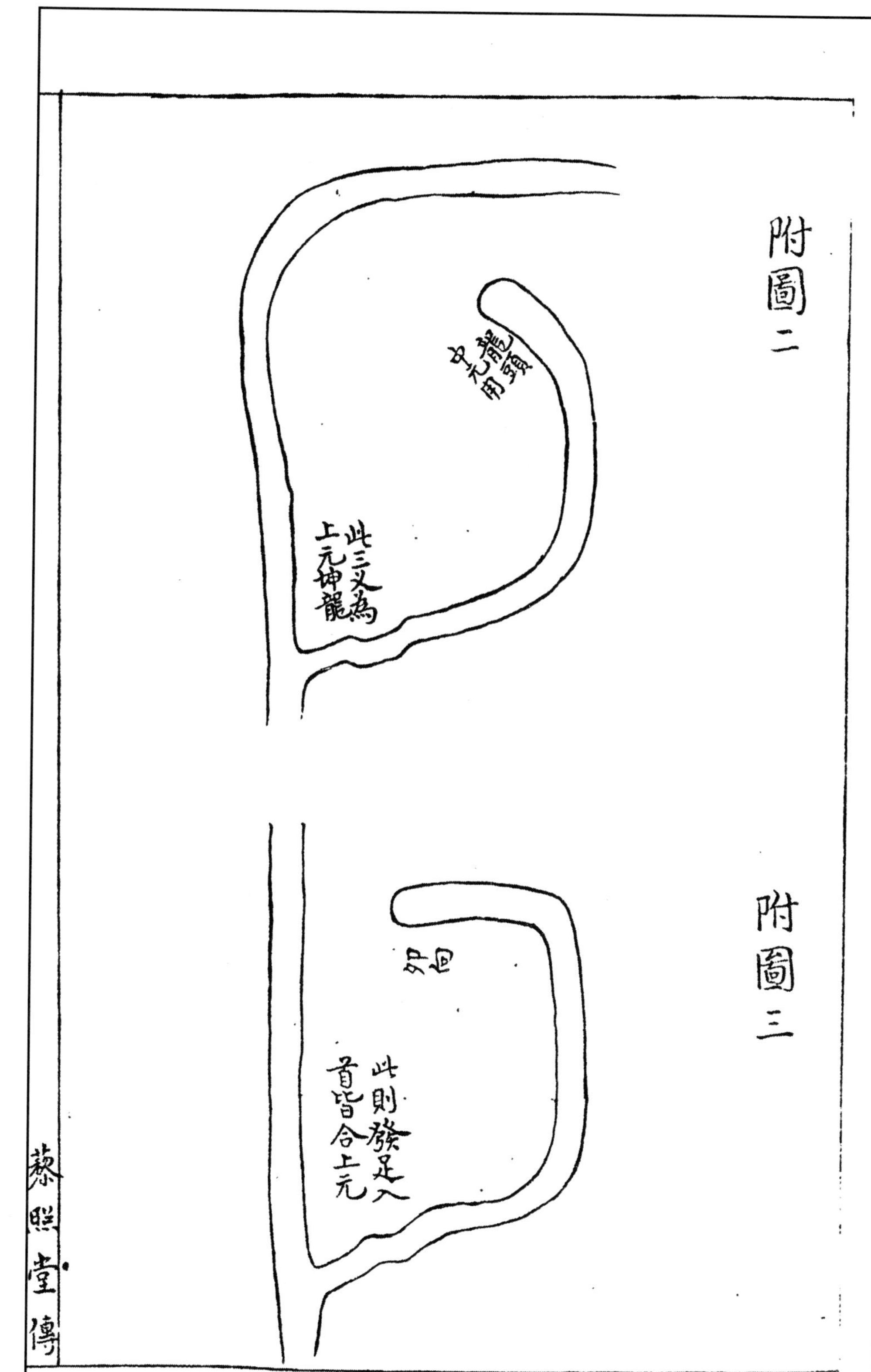
附圖二
此三叉為上元坤龍
附圖三
此則發足入首皆合上元
蔡照堂傳

論五星。金木水火土

此、專言近穴貼體星辰。非、遠、來、之、水、脈、也。

羊云、大凡五穴向水。明堂要不寬不迫。若太近。便難展舒穴炁。

正。金。體。

金星如玉帶。此地真無價。

羊云此穴定是朝水。若向水則明堂嫌其逼矣。汪云明堂太窄。局炁不展舒。即穴炁不展舒矣。

橫水過宮。金城抱穴。若扦此地。富貴不歇。

羊云此穴久坐水。○汪云、此書點穴。只是存其大意。不必拘。

覆釜金星水養身兒孫富貴足金銀

此局縱富貴不久

金星変體

羊云此穴是朝南。故有長小之分。然必按元運。定吉。凶。始驗。注云此圖不重穴。只重穴之。左。右。不可泥此為點穴之法。餘可例推。

此水名為犂頭形。一發火燒負。

其形稍尖。兼火星。

兩脚攤開

金城右反弓。幼子必孤窮。

金城左反弓。長子定離宗。

藜照堂傳

金城反弓。逃走貧窮。又云

金星如仰外。家宅田園散。

水入金城。富貴多丁。

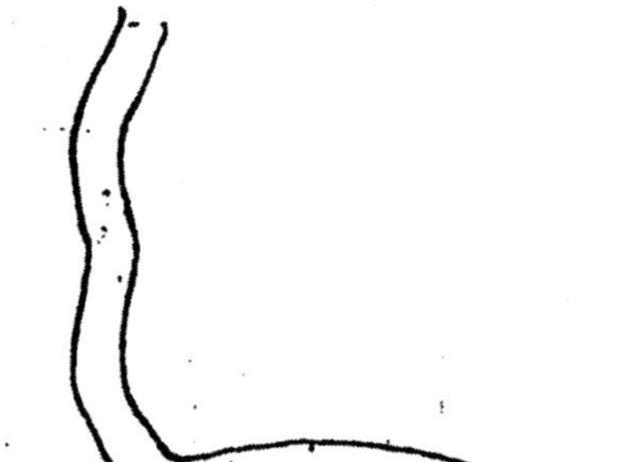

金星如出水。水短方為貴。

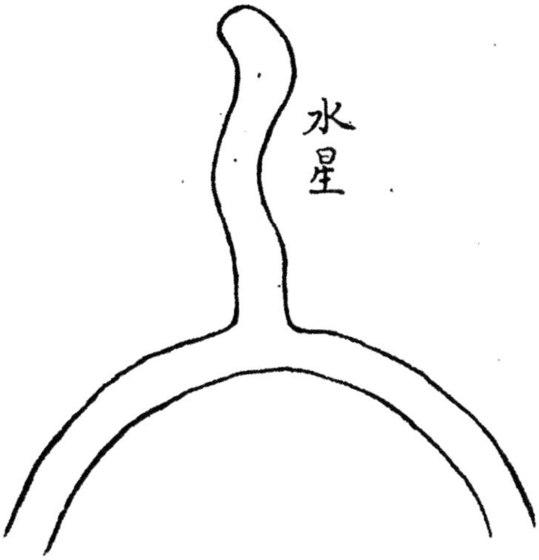

水星

前火魁金城。風字脚不停。若扦此等地。不久主伶仃。

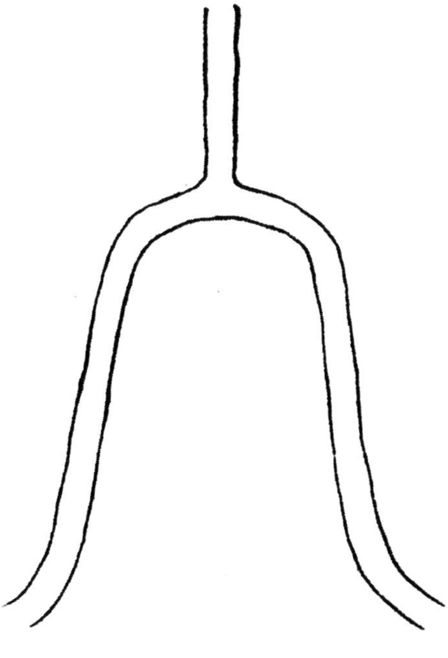

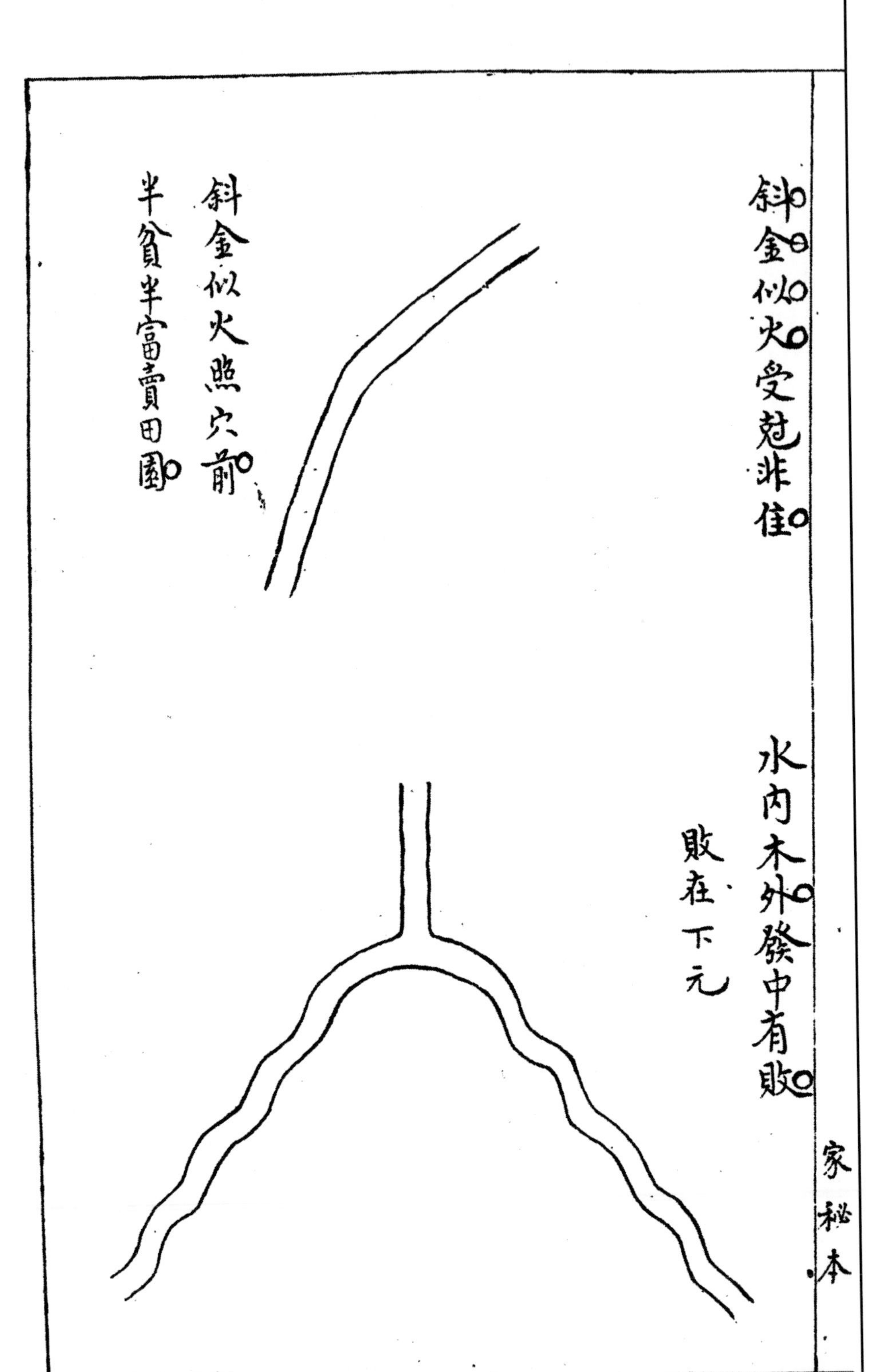
家秘本
斜金似火受尅非佳
斜金似火照穴前
半貧半富賣田園
水內木外發中有敗
敗在下元

金。水。泛。濫。風聲可撼。

蔣公云、漏氣多。故少吉。

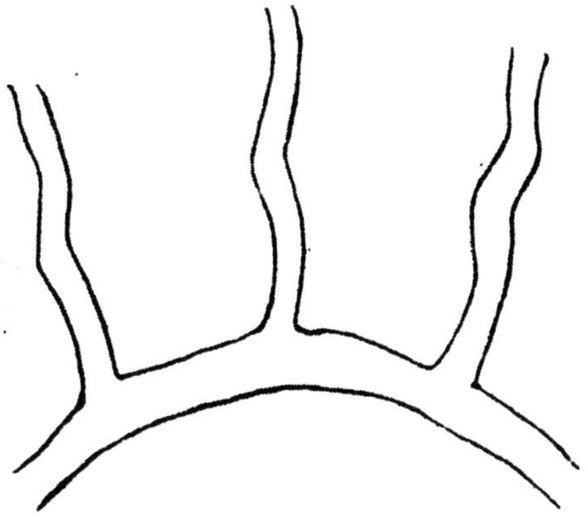

金水相生。富貴豪英。

此指曲水之短而止者言。

金星木來撞。子孫家傾蕩。

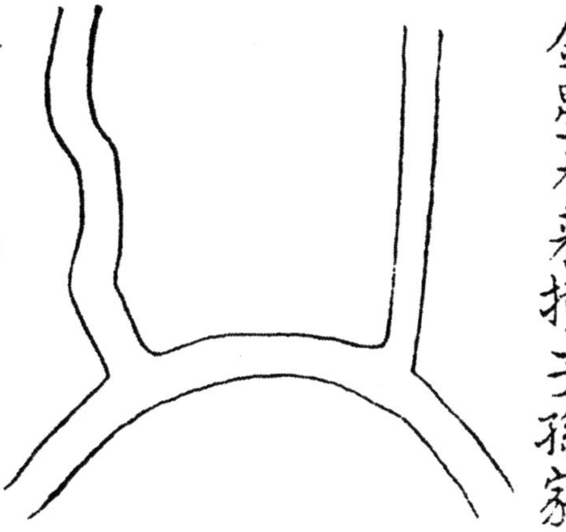

金水得地。子孫富貴。

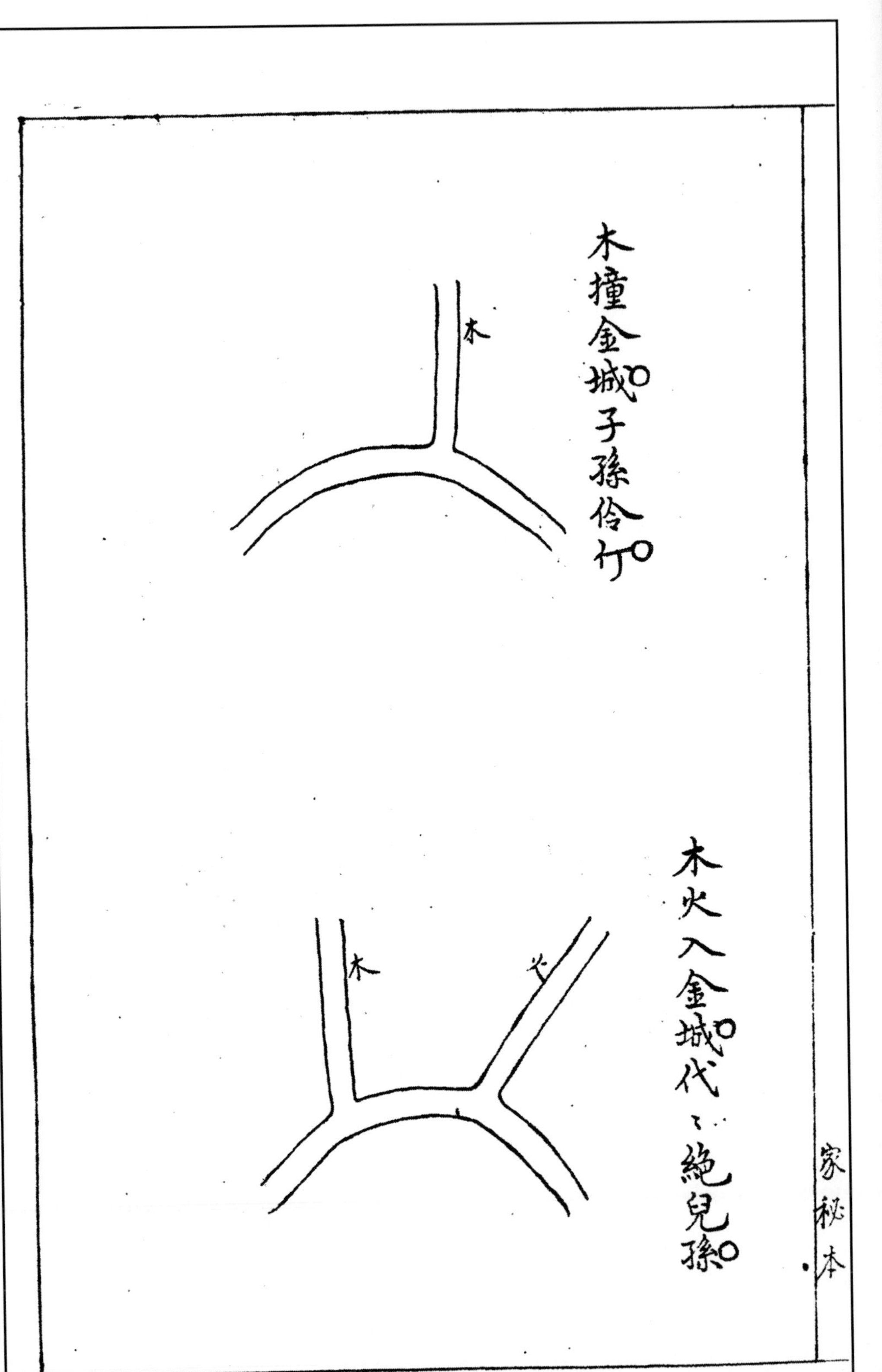

木撞金城。子孫伶仃。
木
木火入金城。代代絕兒孫。
木
火

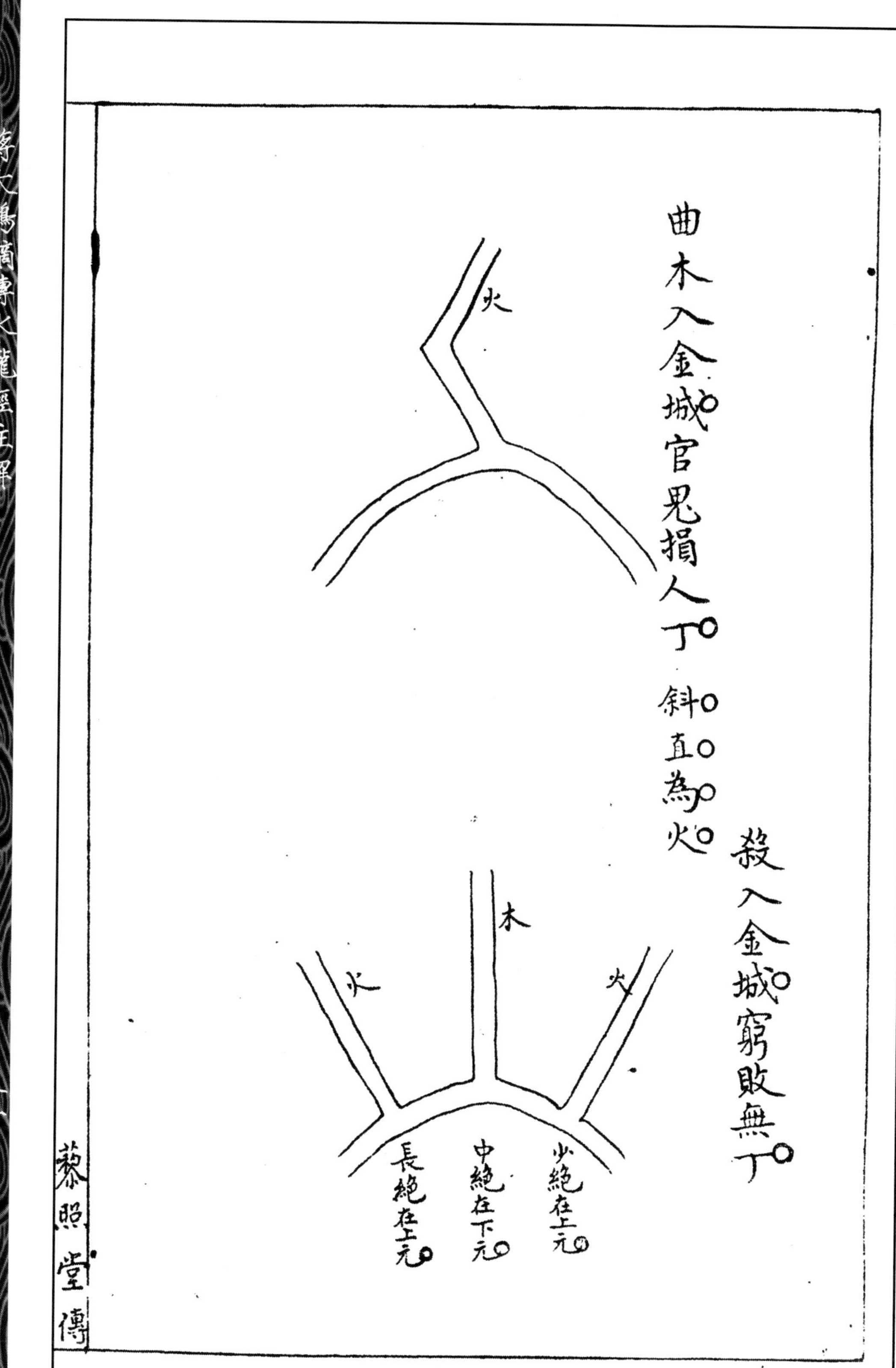
曲木入金城官鬼損人丁
斜直為火
殺入金城窮敗無丁
火
木
火
火
長絕在上元
中絕在下元
少絕在上元
蔡照堂傳

火尅金城。賊盜病瘟。

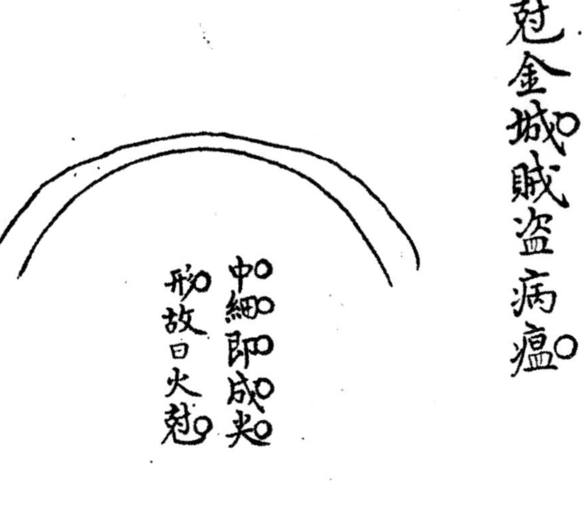

二火来尅金。災星日日臨。

直来為木。横斜即火。

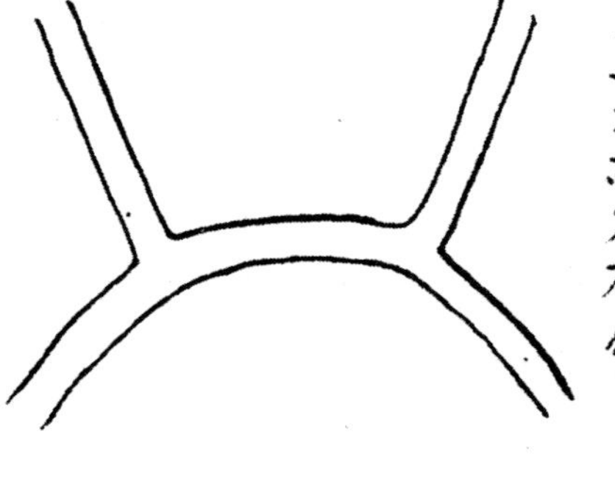

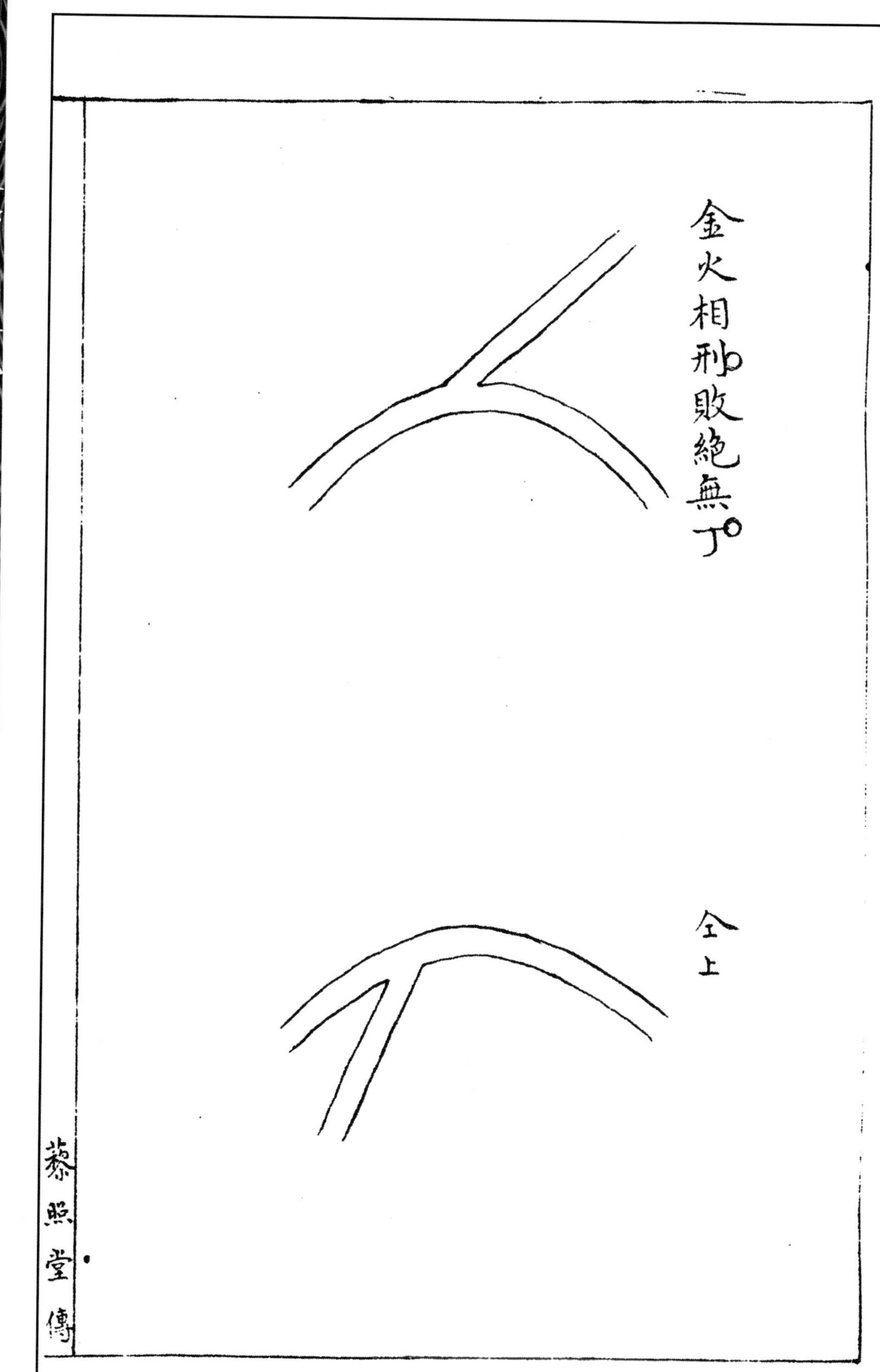
金火相刑敗絶無丁
仝上
蔡照堂傳

水星得地。金屋富貴。

午

羊云此穴必作坎向。前朝高案形端正。後坐三湾曲盤齊。

穴親離水坎氣真。三元儒服有殺名。

高砂更得来朝穴。解狀文章達帝京。

午 上元

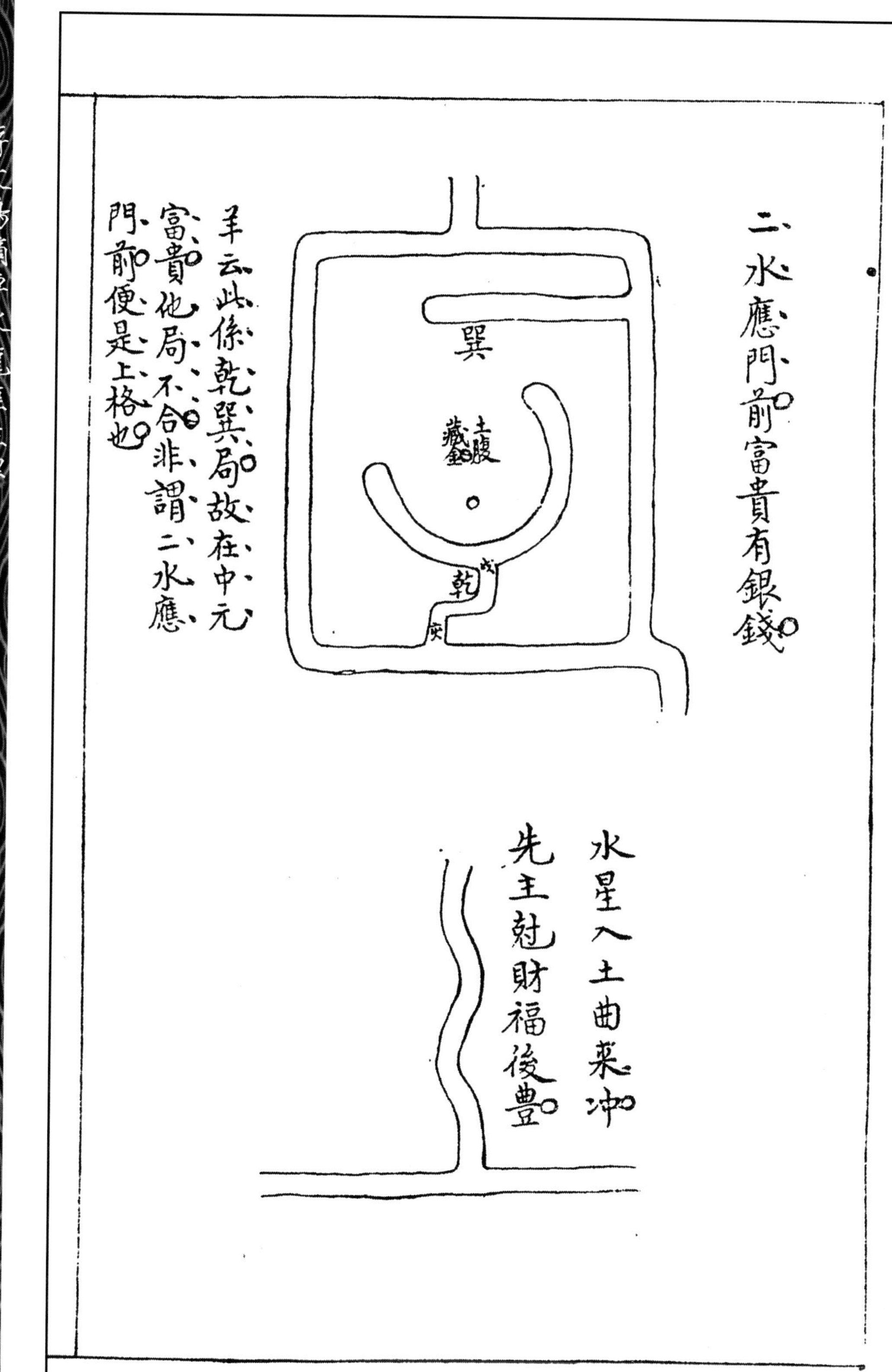
二水應門前富貴有銀錢
巽
土腹藏金
乾
戌
亥
羊云此係乾巽局故在中元富貴他局不合非謂二水應門前便是上格也
水星入土曲來沖
先主尅財福後豊

土星抱穴。富貴不歇。

土星右轉來。家富足錢財。

羊云土。星。抱。穴。豈。爲。佳。若到中、元發秀吓。也有文章光帝座。滿城花。放洛陽街。

汪云、上二穴大須人功。圖不可拘。

土星直去無回意不久家門退

前後俱忌

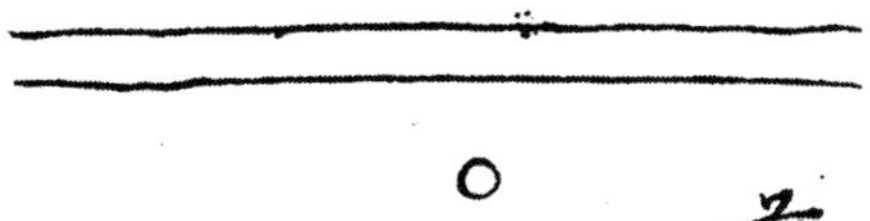

土城反去絕敗身窕

貧窮淫亂軍配天涯

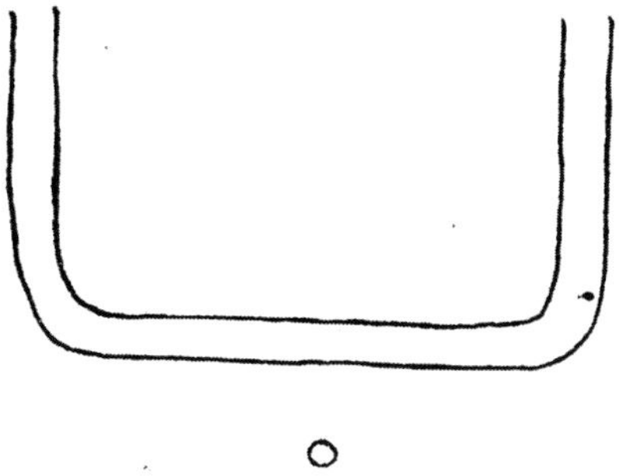

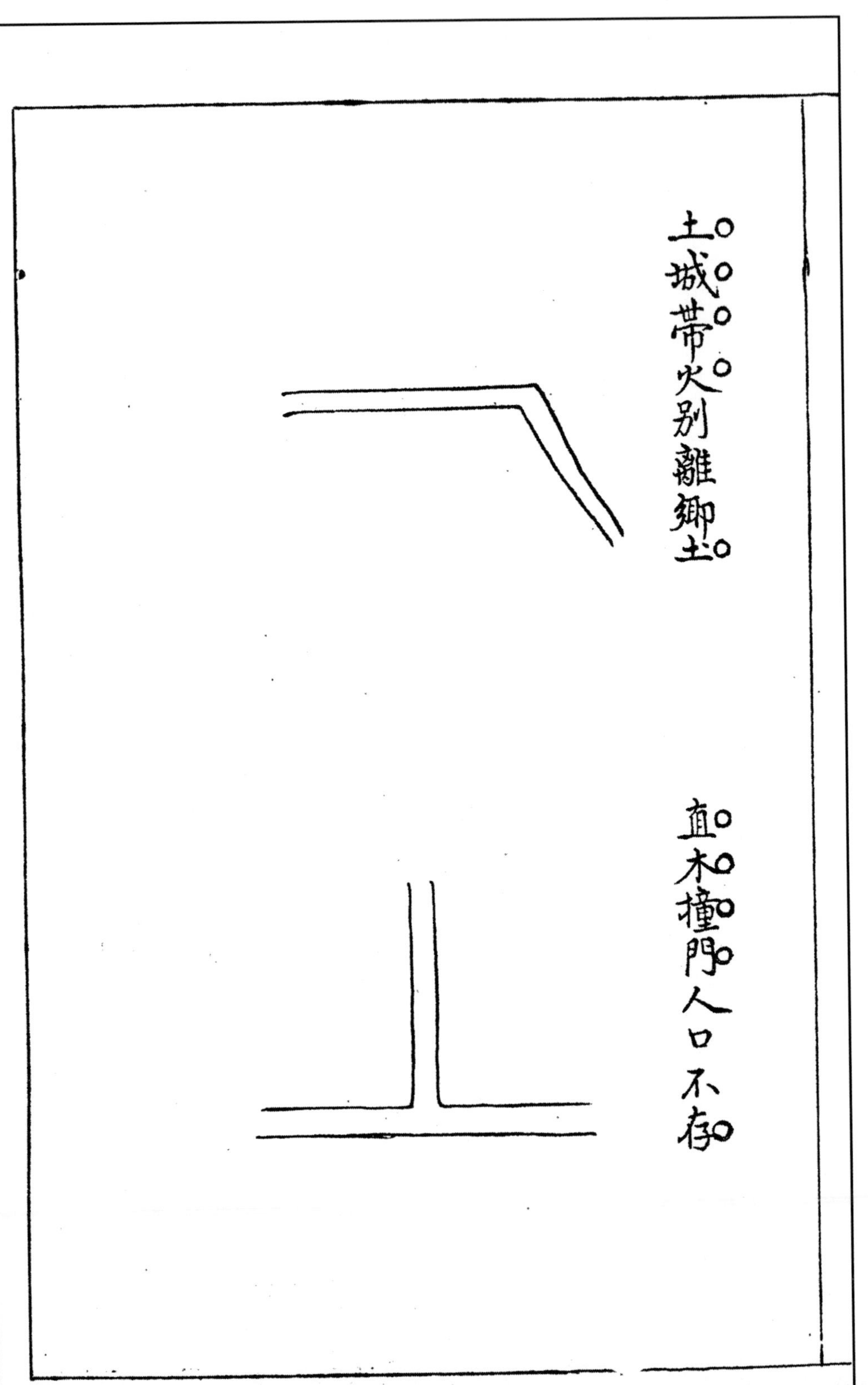
土城帶火別離鄉土
直木撞門人口不存

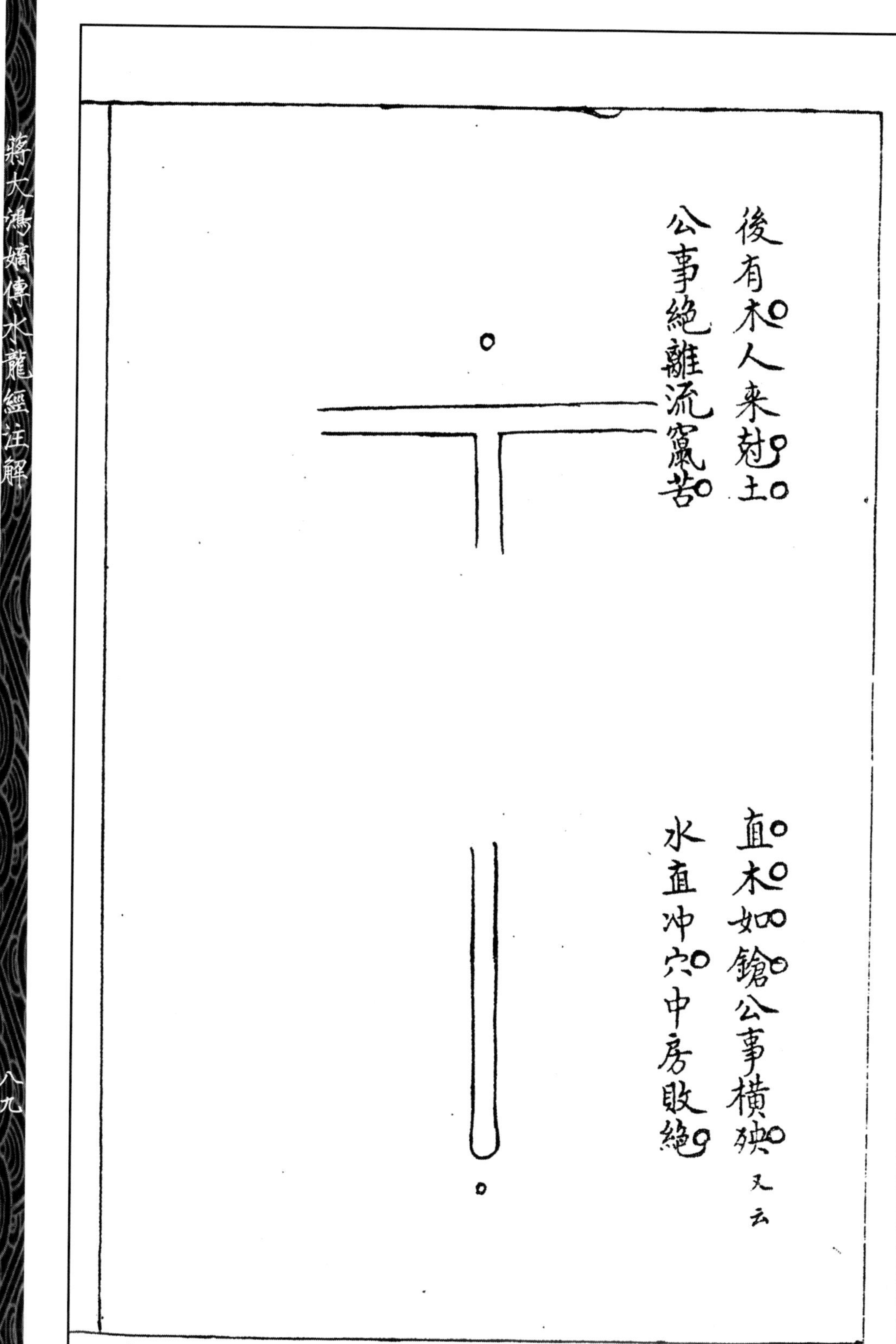
後有木人来尅土
公事絶離流竄苦
直木如鎗公事横殃又云
水直冲穴中房敗絶

正。木。直。行。退敗動瘟。斜。
木。不。堪。為。下後主生離。

斜。木。來。時。似。火。飛。其中扦穴怎相宜。
刼盜瘟災常自有。人離財散各東西。

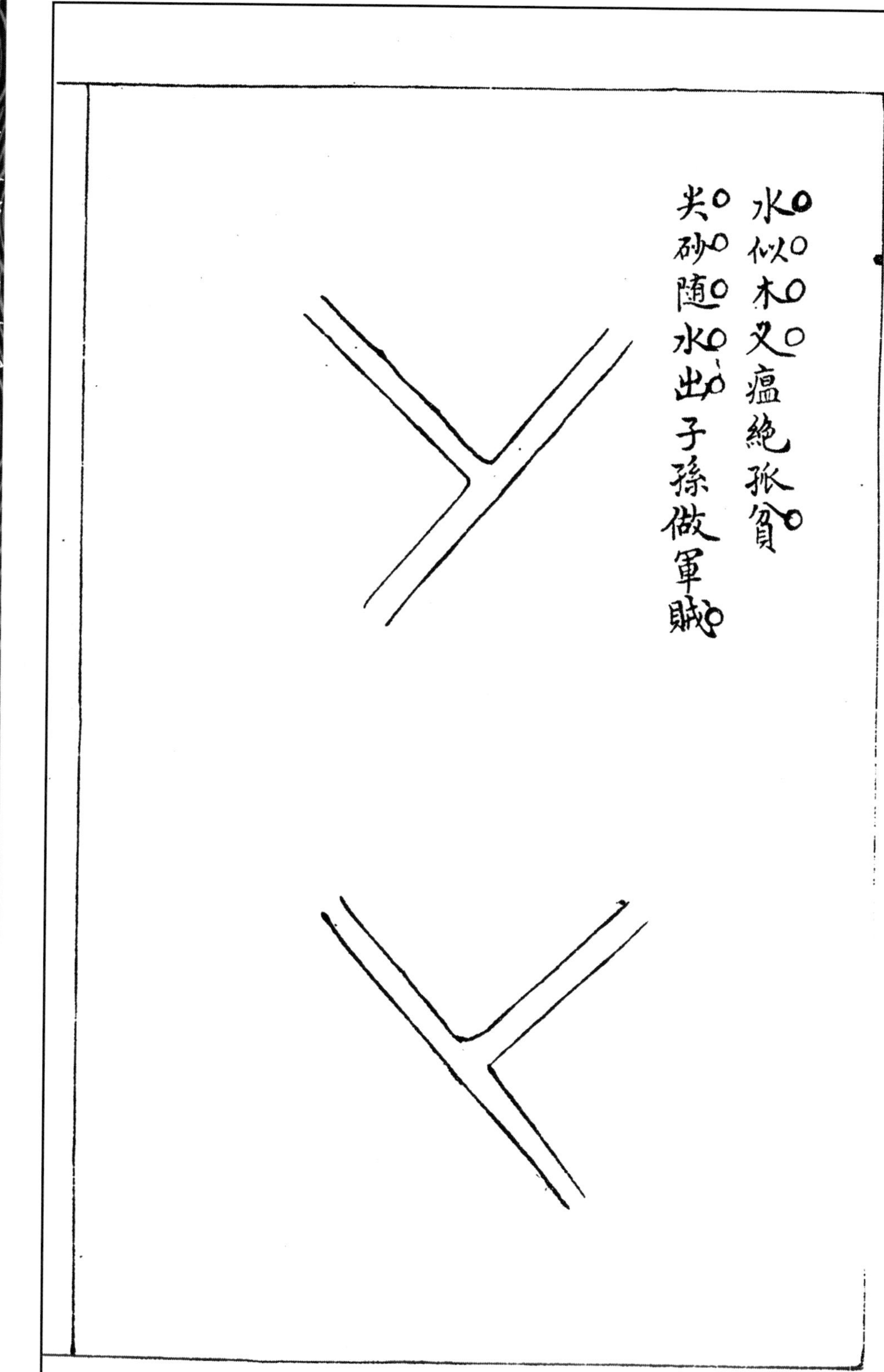
水似木叉瘟絕孤貧
尖砂隨水出子孫做軍賊

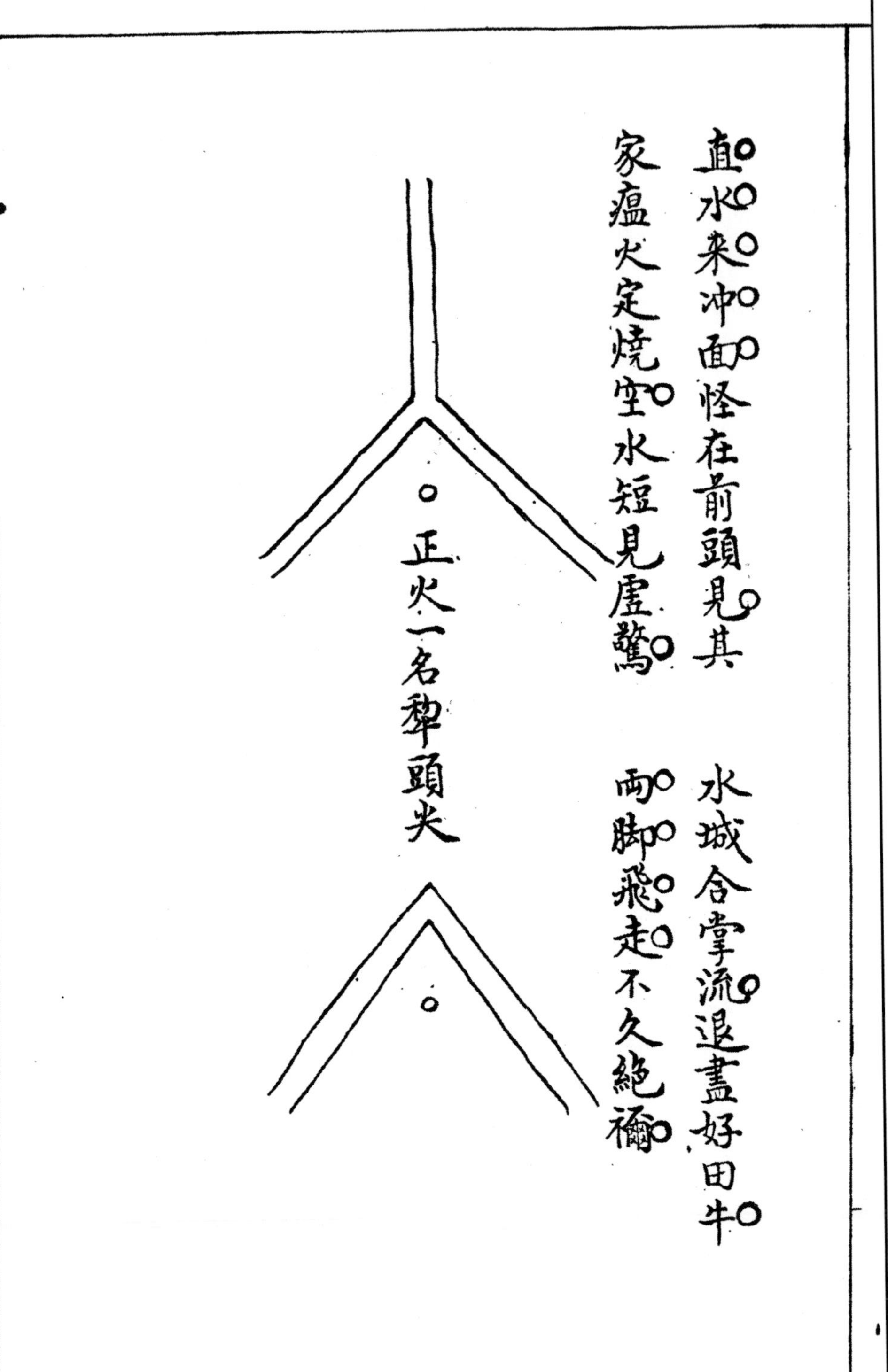
直水來沖面怪在前頭見其
家瘟火定燒空水短見虛驚
正火一名犂頭尖
水城合掌流退盡好田牛
兩脚飛走不久絕禰

火城反去淫亂不良家貧徒配絕嗣離鄉
尖火後反攻忤逆各西東若還如此樣絕嗣又貧窮

倒火

右火斜飛兄偷弟婦

左火斜飛弟偷兄嫂

刀鎗之水反射身徒配遠充軍

子孫忤逆面前八字水流

右火反飛逃走東西左火斜飛
軍賊傷夷流離外死絕子無依

火尖火射其身
官刑絕子孫

燥火焰々動老死無人送

火走向外飛走死不能歸

逆木順木官非祿、換妻棄子

退盡家穀

火星屈曲飛無食又無衣

論四獸

朱雀之前三水反男盜女淫無

衣飯

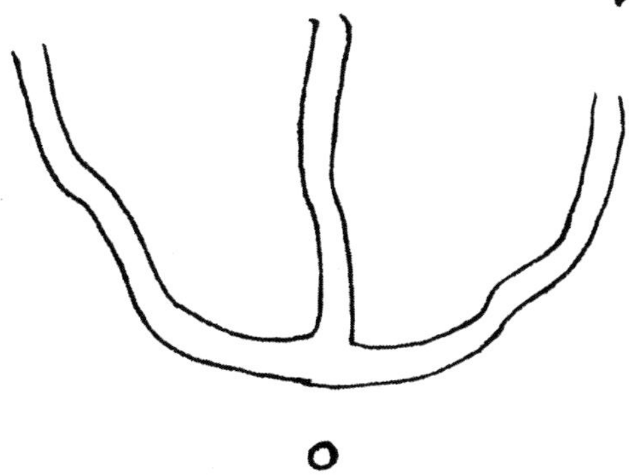

發福久長。定是水纏玄武。

水法幾千章。無如後抱良。

玄武之水湖池有。定宅安抆福禄宜。

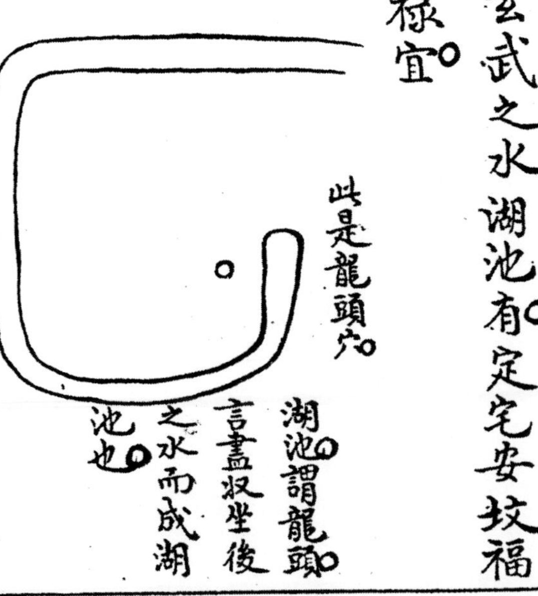

坟後有水西三抱。為官悠久家長婦。

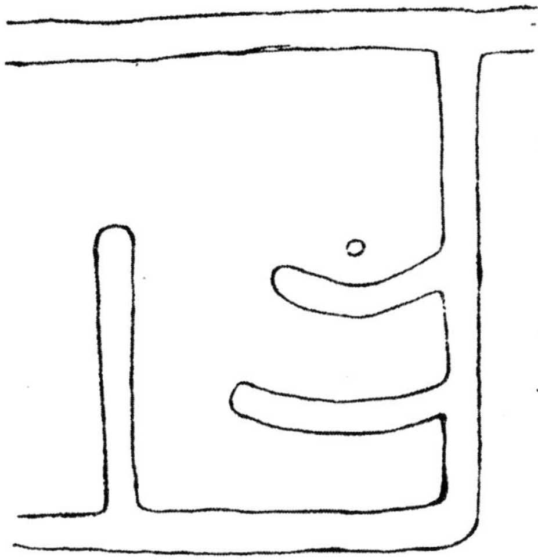

水冲玄武頭枷鎖去為囚。前丁後丁主絶人丁。

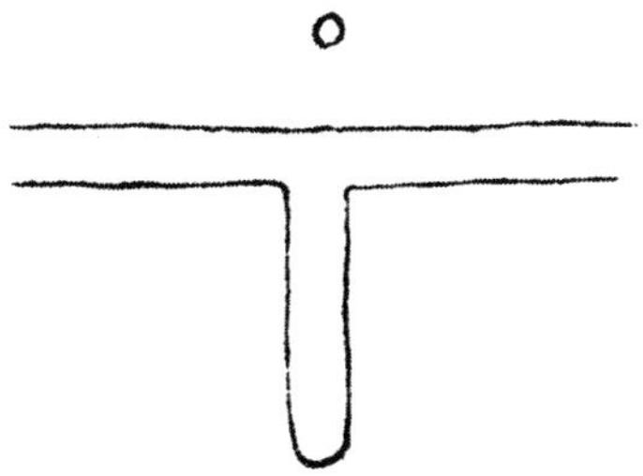

玄武吐舌水風吹。絕嗣官災少死隨。

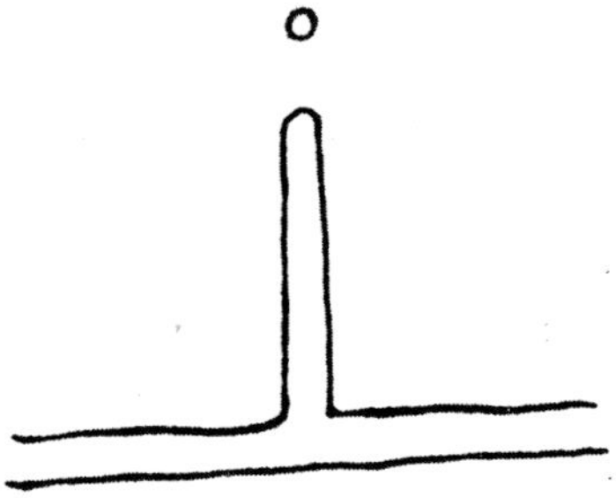

撳裙之水最無情。兩脚分開惹動人。

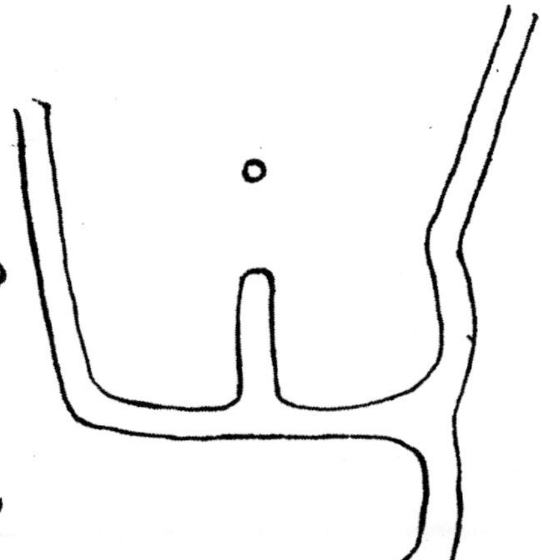

玄武之上有水冲。其家絕子媳滛翁。

兩邊龍兩灣灣抱○富貴雙雙到○若然點穴得其加神童定作狀元郎○

兌龍到宮下元吉

汪云神童狀元皆從兌為少男推出來

青龍水轉抱其身○須知此地出官人○

元運係汪添入

蘇小照堂傳

家秘本

青龍白虎兩分張。

徒流退敗主離鄉。

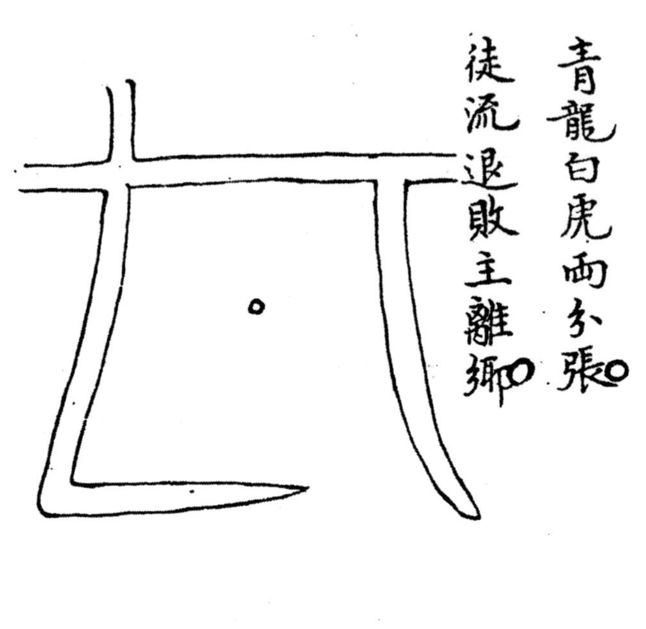

水口無山閉。先賣爹娘地。

出賊敗亡凶。流配為邊戍。

白虎水如飛。不久便迯移。

青龍直走如飛去。代代人難住。

水打白虎腳。少子命難保。

水打青龍頭。長子命先憂。

同上

有子出家。定是水冲城腳。

左右兩邊水反去。兒拋父母離鄉住。

兩邊水去不回頭。財物鬼來偷。

白虎啣屍鰥寡無資。少亡絶嗣横夭扛屍。

青龍吞塚瘋盲炊腫。横夭痴呆。離鄉絶種。

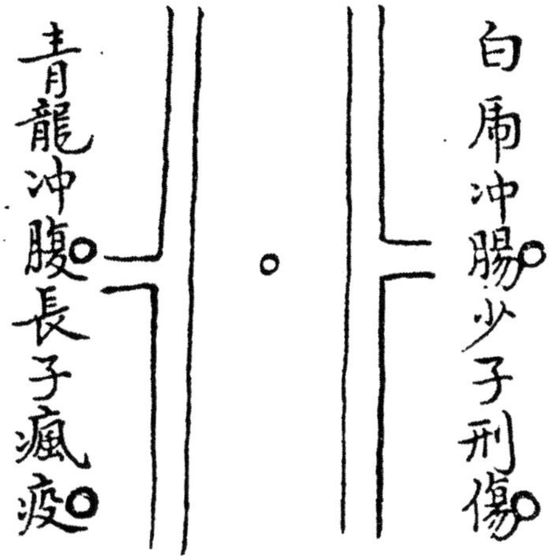

白虎冲腸少子刑傷

青龍冲腹長子瘋疫

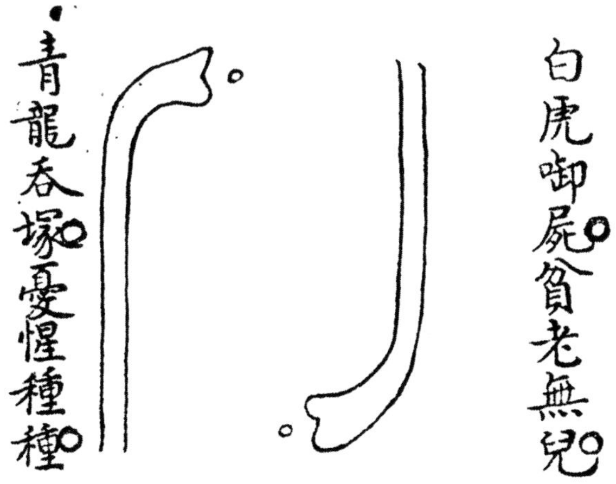

白虎啣屍貧老無兒

青龍吞塚憂惺種種

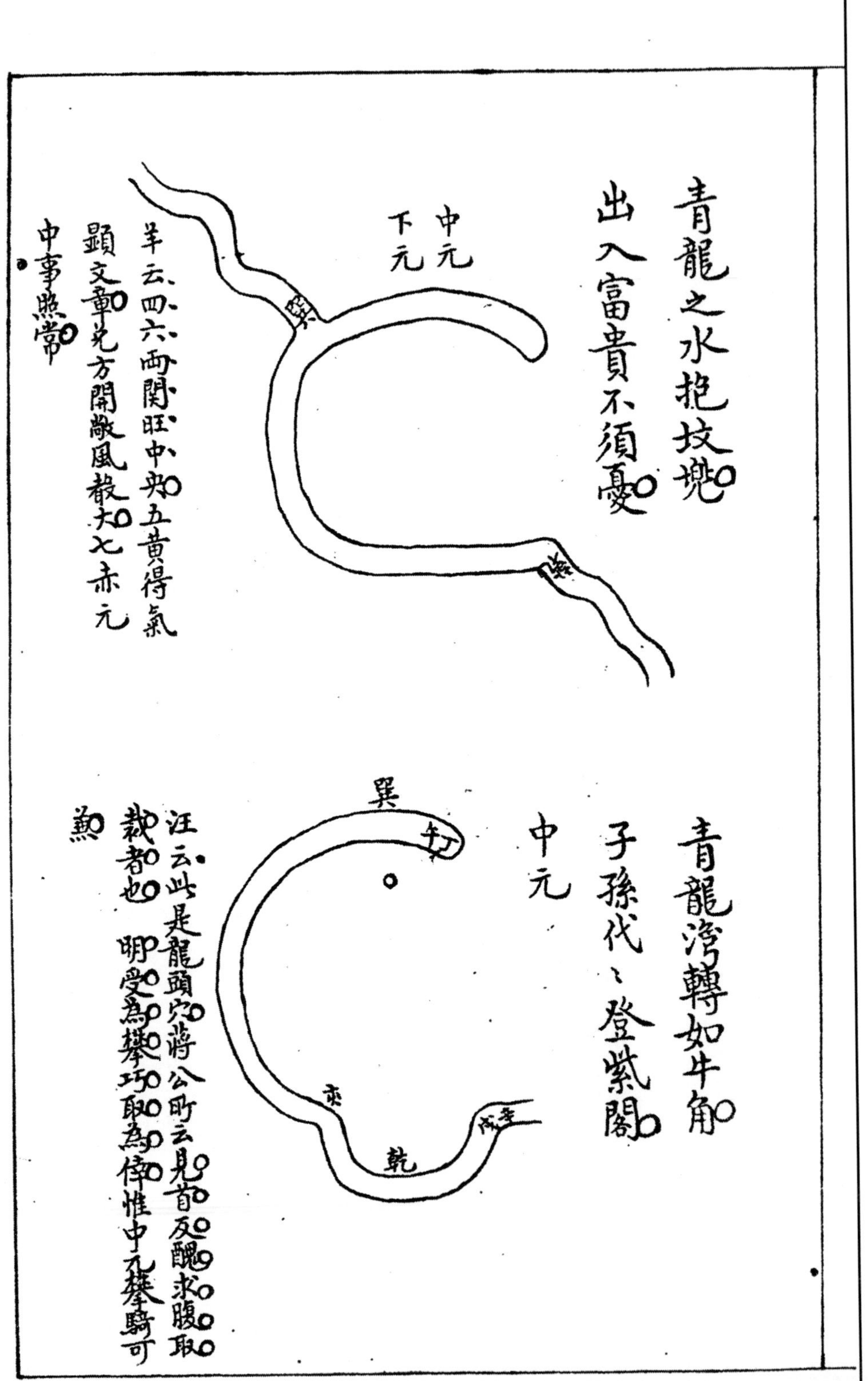
青龍之水抱技垗○
出入富貴不須憂○
中元
下元
羊云、四、六、兩閑、旺、中、央○五黃得氣
顯文章○兌方開敞風散大○七赤元
中事照常○
青龍灣轉如牛角○
子孫代、登紫閣○
中元
巽
乾
汪云・此是龍頭穴○蔣公所云見○首○反○醜○求○腹○取
明○受○為○攀○巧○取○為○停○惟中元攀騎可
裁者○也○

三元俱吉

青龍之上有浜來。此地安坟任點栽。
更得後河（三陽之水）多積水。世世兒孫解狀才。

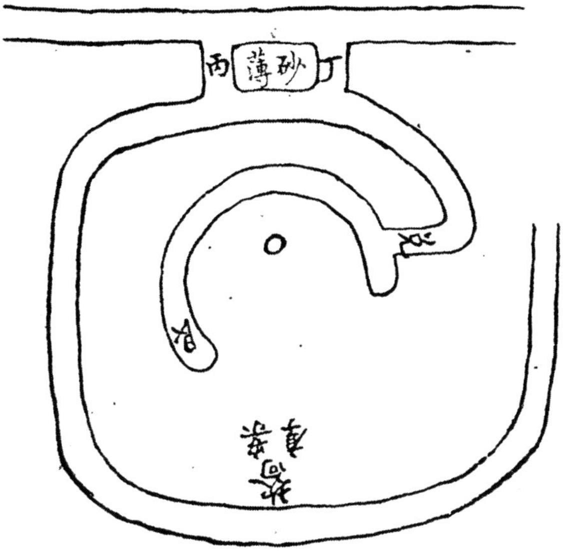

三元俱吉

青龍左轉抱其身。富貴有聲名。

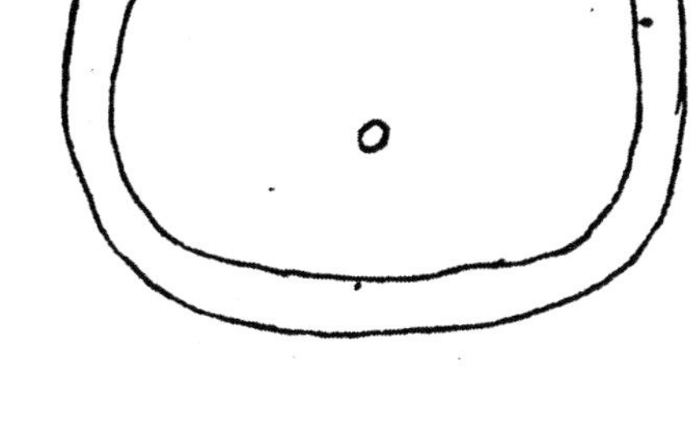

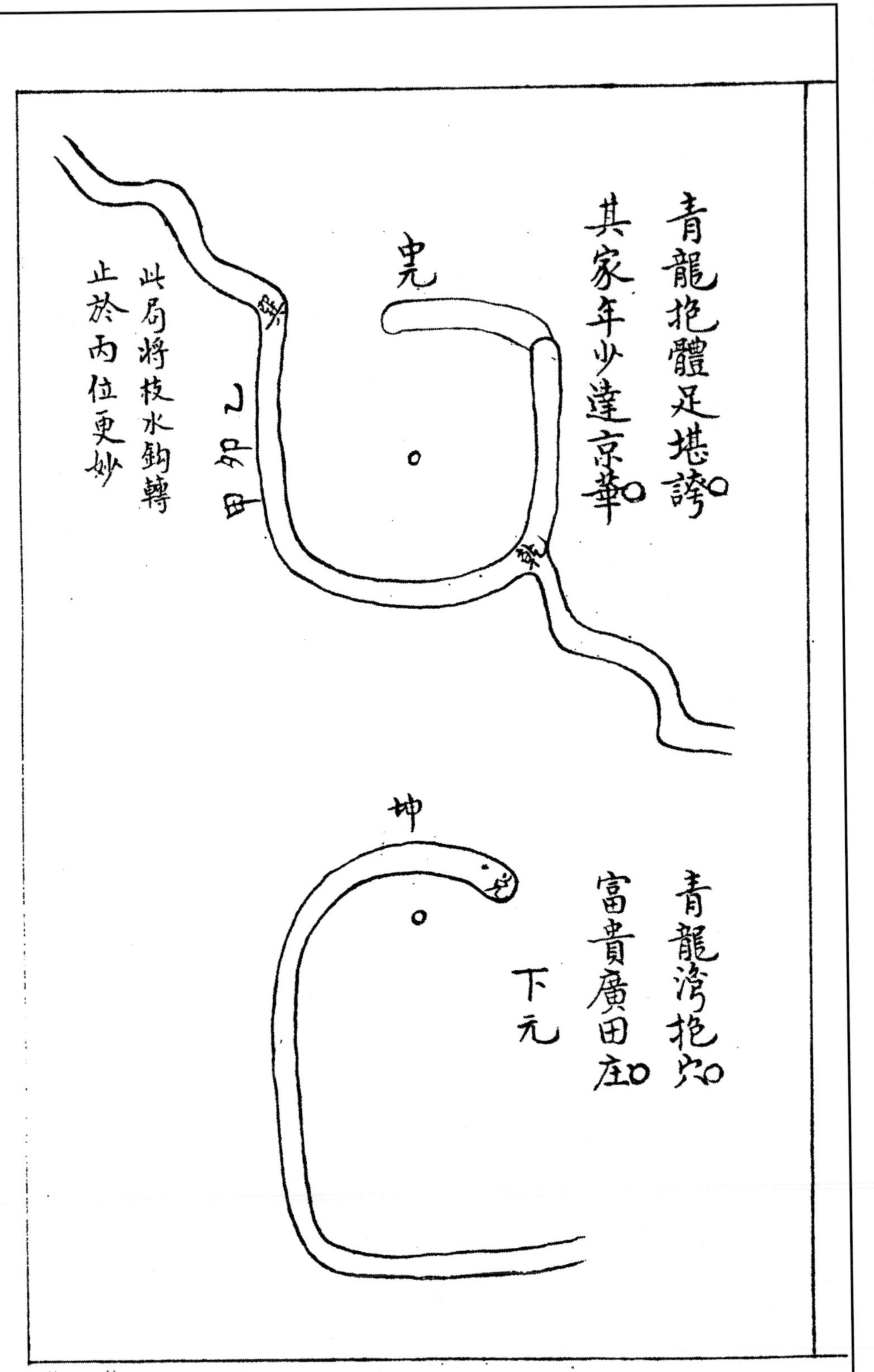
青龍抱體足堪誇
其家年少達京華
兌
此局將枝水鈎轉
止於丙位更妙
乙
卯
甲
青龍灣抱穴
富貴廣田庄
下元
坤

青龍一水若鎗來。子孫必定惹凶災。

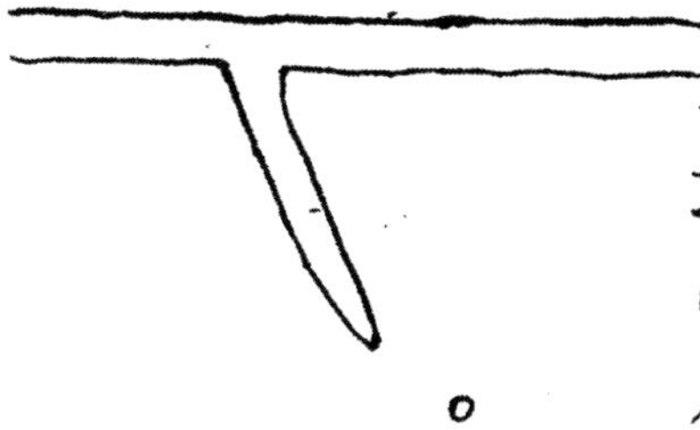

青龍水射入。子孫死傷并軍賊。

青龍頭上水反飛。家破更人離。

青龍水多破。下後生災禍。

此名金鵞箭。主瘋疾破敗。

青龍水似龍。富貴比石崇。屈曲門前照。子息侍王宮。

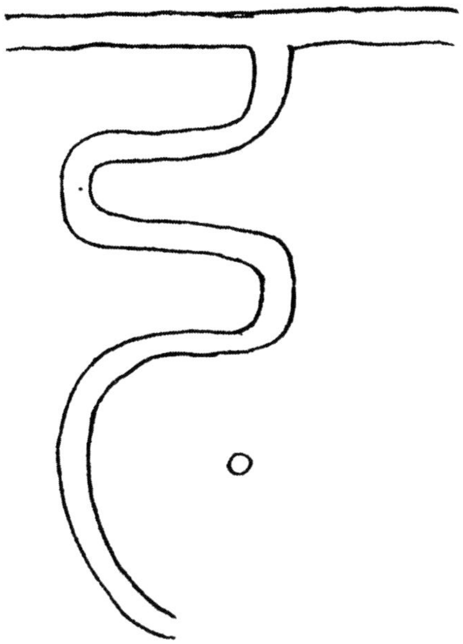

青龍屈曲抱身來。世世兒孫入帝臺。

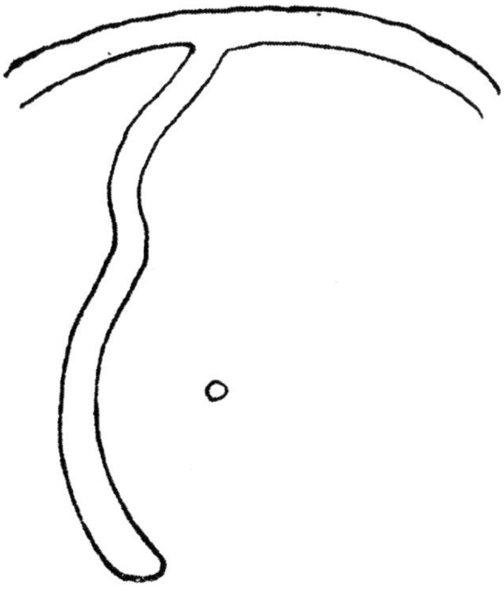

青龍水反逆。子孫無官職。君若誤扦此。誤殺人千百。

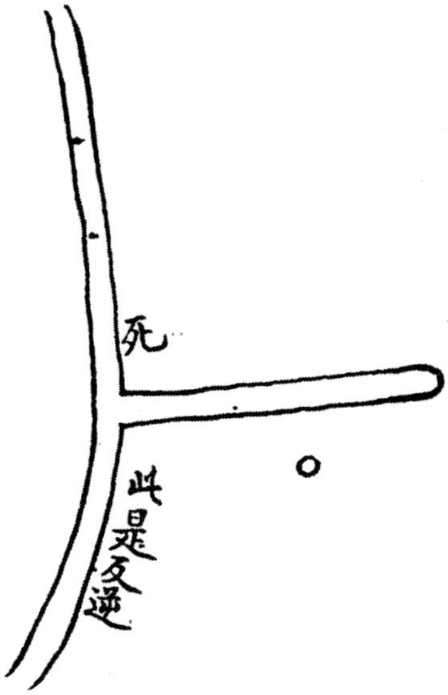

此是反逆

死

青龍反去不回身。長子定先貧。

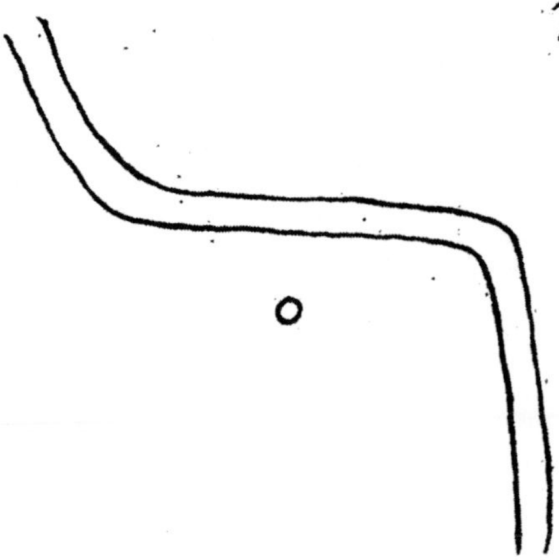

白虎水抱三兩重。兒孫發福永無窮。必定下元逢此地。方能一葬便興隆。

有坤口。有震頭。故必於下元卄之坐向收貪狼。楊公云。貪狼原是發來遲坐向穴中人不知是也。

白虎位上大池塊。兒孫衣食永無憂。此是下元真寶地。離方砂案更須求。

此處死氣不同

虎水象牙刀兒孫掛錦袍。
两重坤水頭。下元出公侯。

白甬遶如帶。代代官不壞。
可作三元水。還須七赤在。

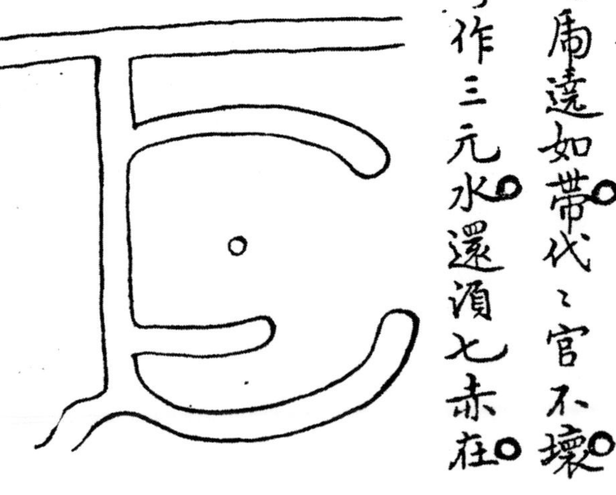

白虎有河兴寡婦招郎賣田園。

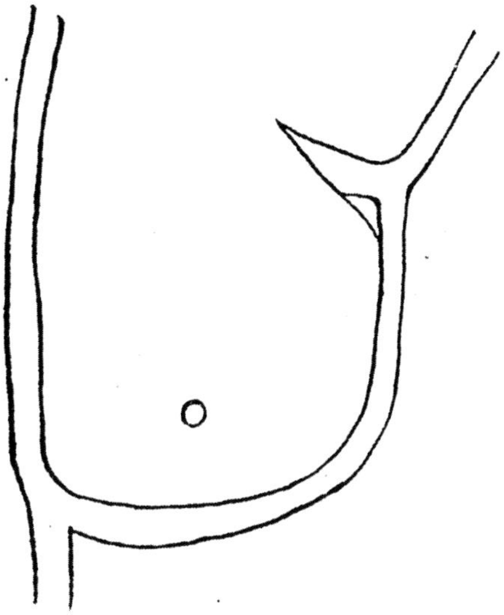

又云白虎一水去如飛。子孫代代主迯移。

白虎勾來對着坟。子孫為盜更兼貧。

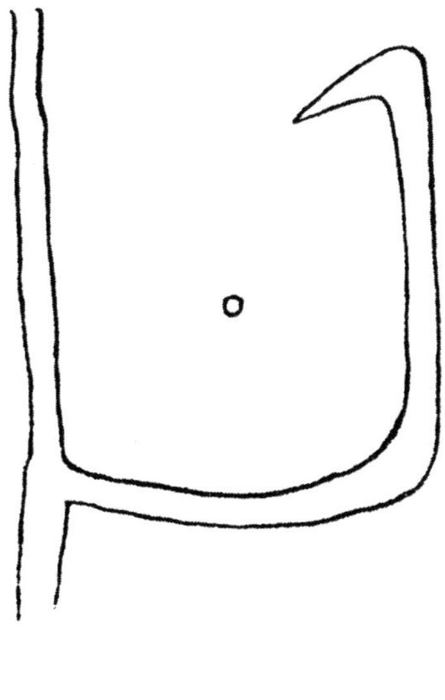

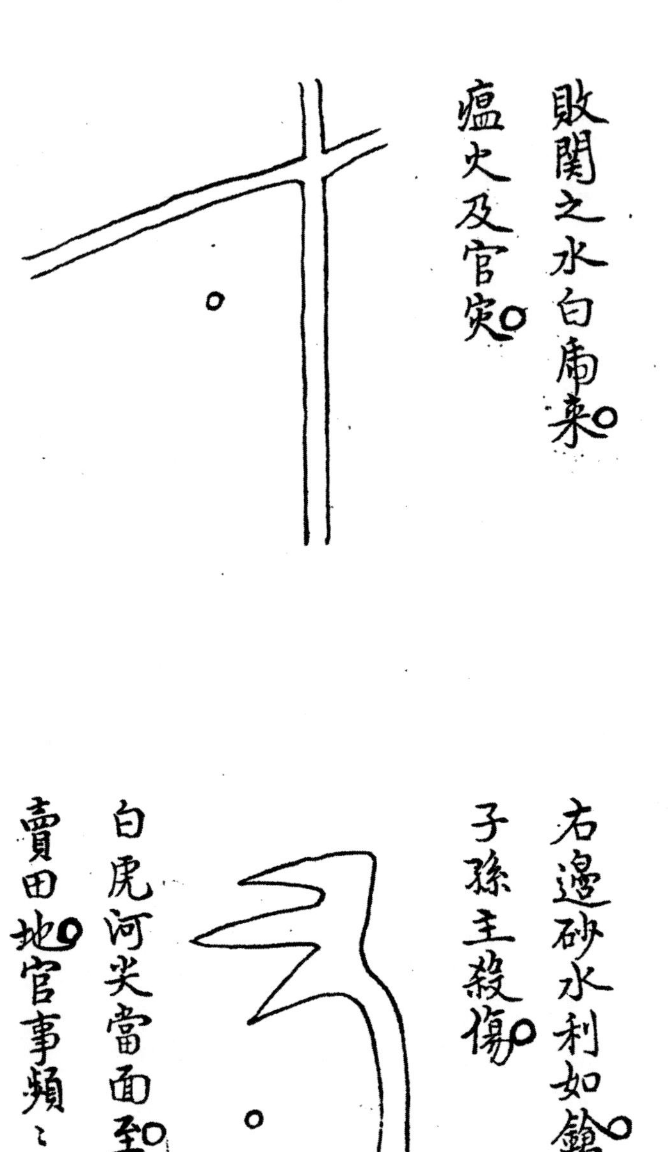

敗關之水白虎來。瘟火及官災。

右邊砂水利如鎗。必定子孫主殺傷。

白虎河尖當面至。小子賣田地。官事頻頻禍患凶。長子橫亡節。

論形局

貪狼之水面前朝子孫代代產英豪不問去來并前後官居臺閣五雲高

汪云來去前後不論但後之去不如前之去

午

午

此龍名號上天龍佈散陽和宇宙中不但上元能富貴三元常見福無窮

一水朝來玄又玄。貼水安坟坎
氣專。高砂更得明
堂潤。三元常見
福綿綿。
汪云丹必癸向。

丁

又云之玄屈曲應門前。
富貴兩兼全。

水轉三灣。富貴安閑。
若扦此地。官顯朝班。

此即乙字彎身玉帶長。

水從左来穴居右○
富貴而壽○

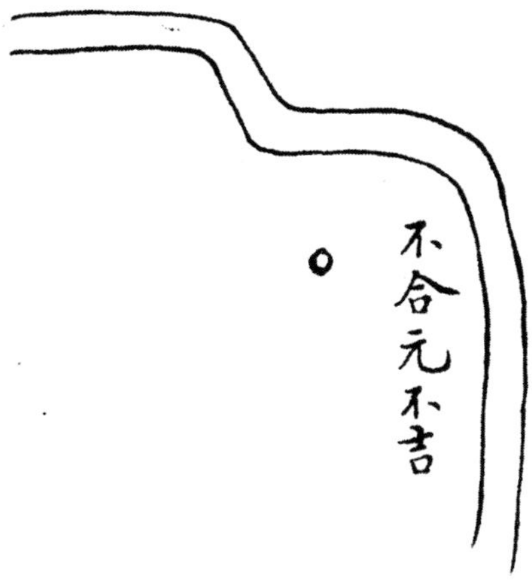

不合元不吉

水從右来穴居左○
官高兩府○

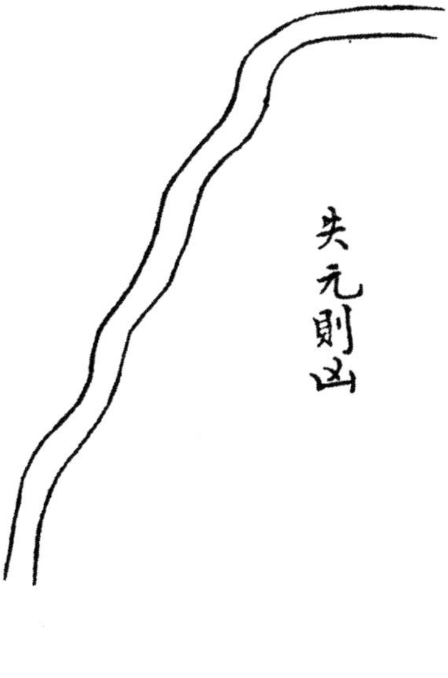

失元則凶

歸。

龍虎一無輕重是之謂歸

龍虎兩相歸。作逆多凶咎。

父子不相親。弟兄如仇寇。

此是斷浜

是為死龍

左右水直無収。

定無子嗣守鄉。

遠○

水似生蛇○二穴最佳○葬若逢此○富貴儒家○

自午至子為上元○

上元

子

羊云、繞身一水最為良○艮上堄攔坤氣長○一白元中眞富貴○運交七赤走他鄉○

午

下元

自子至午為下元○

羊云、坤水堄攔艮氣酣○下元穴此出高官○要知此地何時敗○一白相交受苦寒○

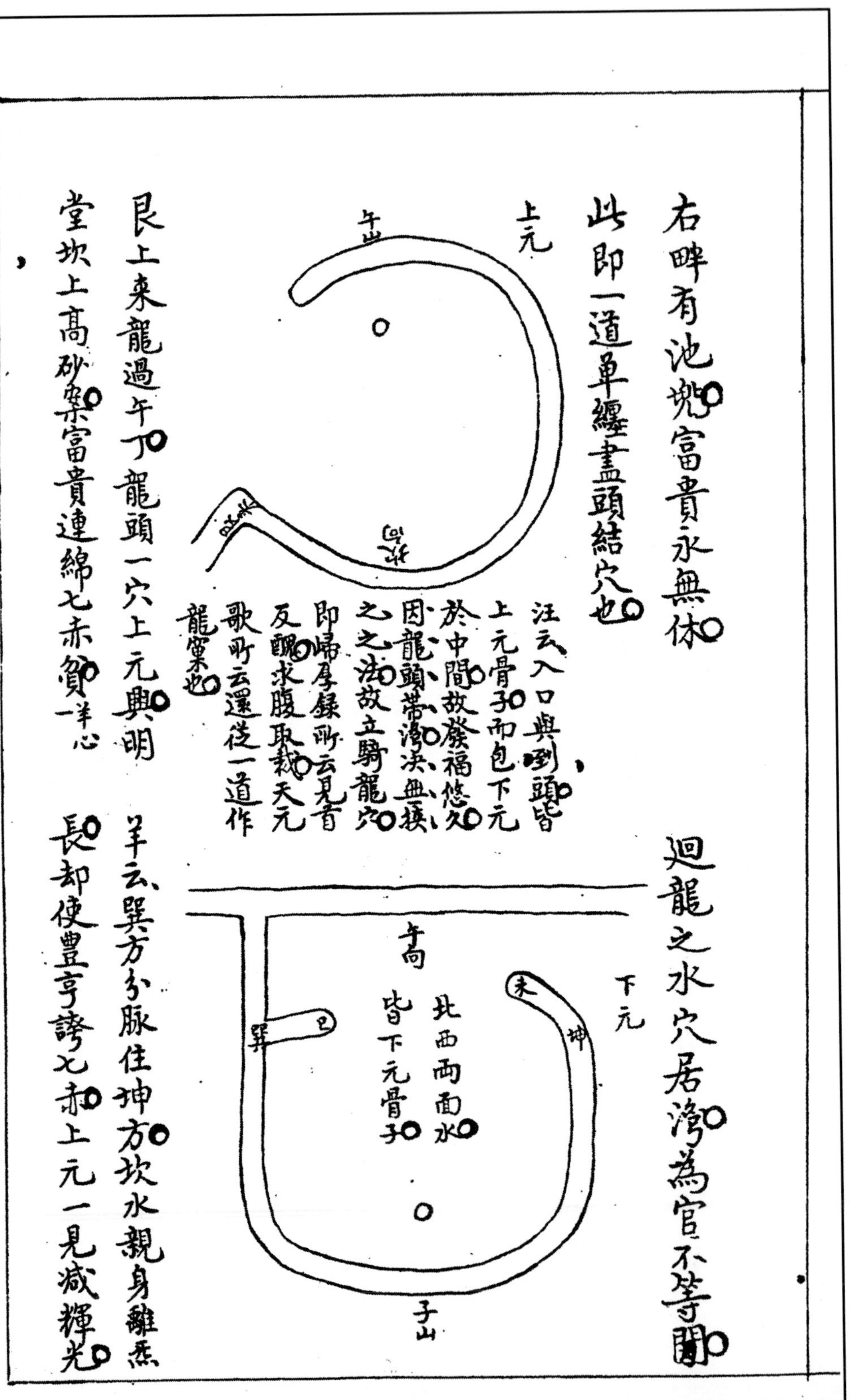

右畔有池兜富貴永無休。

此即一道單纏盡頭結穴也。

汪云、入口與到頭皆上元骨子而包下元於中間、故發福悠久。因龍頭帶灣決無損之之法、故立騎龍穴。即歸厚錄所云見首反醜、求腹取栽。天元歌所云還從一道作龍窠也。

艮上來龍過午丁。龍頭一穴上元興。明堂坎上高砂架。富貴連綿七赤貧。羊心

迴龍之水穴居灣。為官不等閒。

皆下元骨子。北西兩面水。

羊云、巽方分脈住坤方。坎水親身離炁長。却使豐亨誇七赤。上元一見減輝光。

西朝水迈歸西去子孫登科第
東朝水迈歸東去日後欽名譽

单局可穴
双局不可
穴葢貼身
雖抱而外
水則反背
也

汪云西朝者下元發東朝者上元發此必是龍頭穴圖失真也

右邊二水抱。家內足金寶。

圖特明右抱之佳。非謂如是已成局也。

右水若勾身。子孫投軍必殺人。

衝射

有子出家。只為水冲城腳。
面前如華柱。子孫離鄉去。

二水不宜長。
尅土主離鄉。

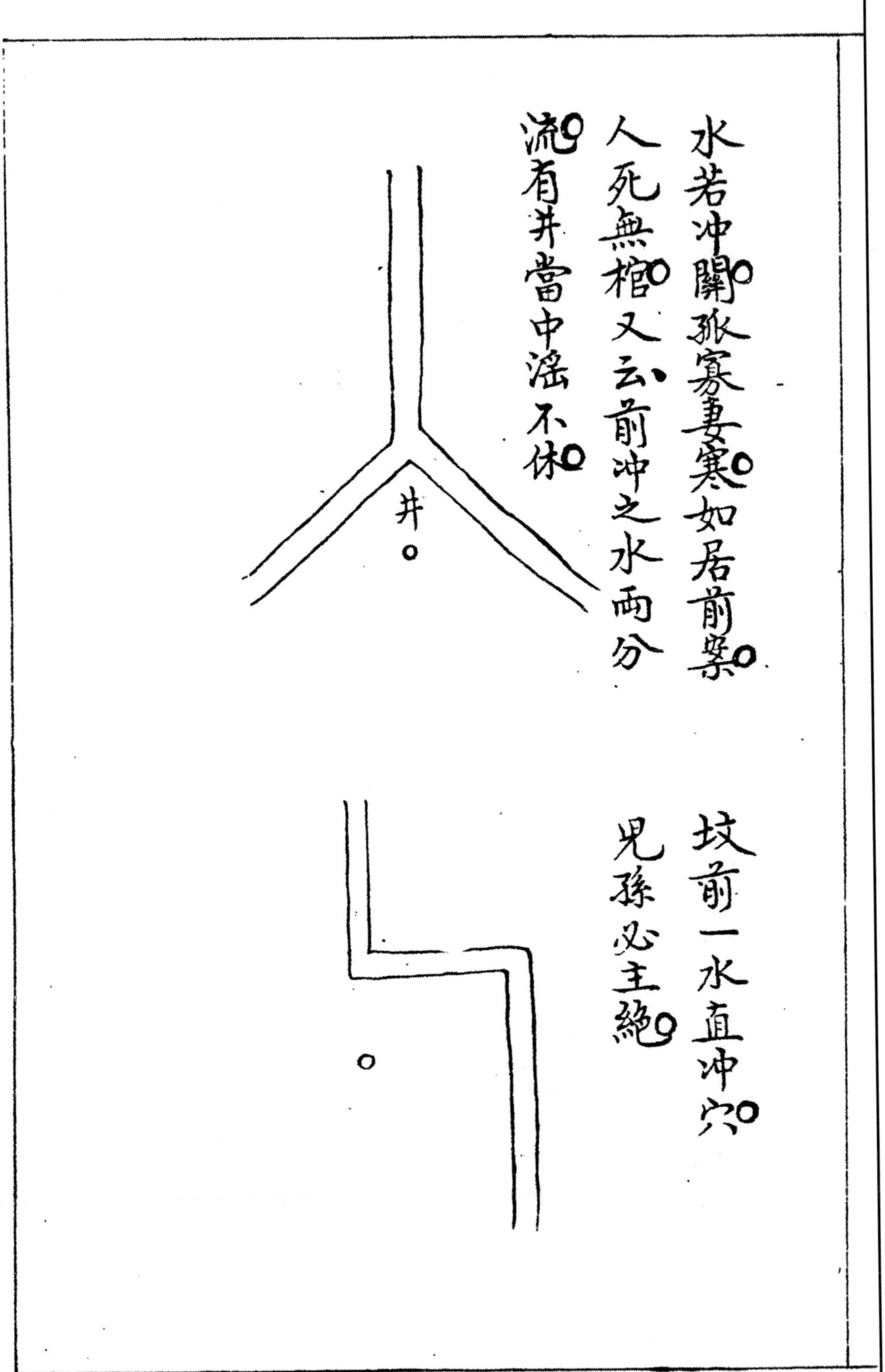
水若沖關。孤寡妻寒。如居前案。
人死無棺。又云前沖之水兩分
流。有井當中溢不休。
井
坟前一水直沖穴。
兒孫必主絕。

前面水沖穴。下後兒孫絕。後水若沖来。
暴富出刑災。若居一代後。過房絕嗣哀。

此等地不可一朝居何能一代、後方絕乎

水沖龍臂。須看來勢。
水短猶可。水長不利。

沖射反飛凶不可言

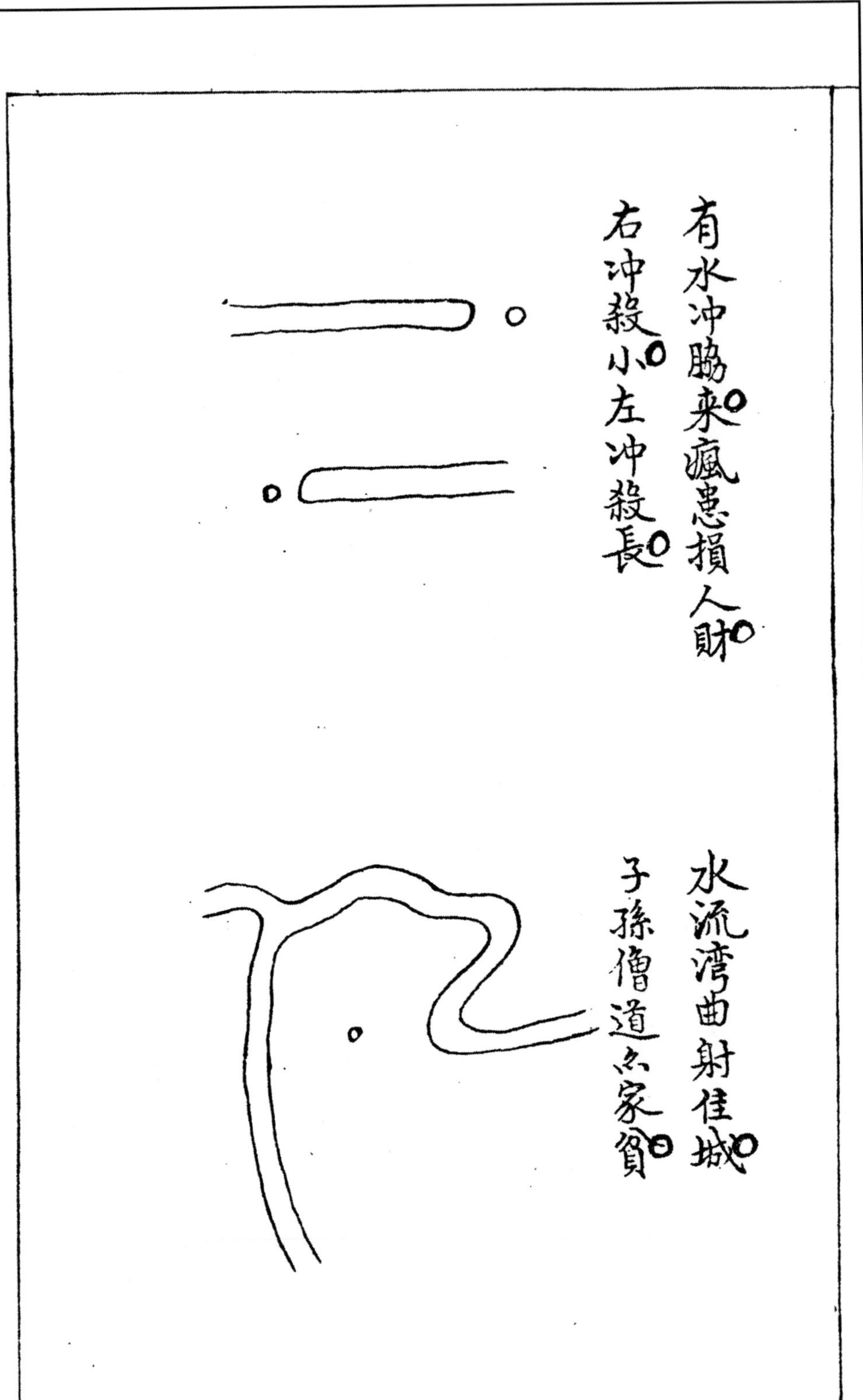
有水沖脇來。瘋患損人財。
右沖殺小。左沖殺長。
水流灣曲射住城。
子孫僧道亦家貧。

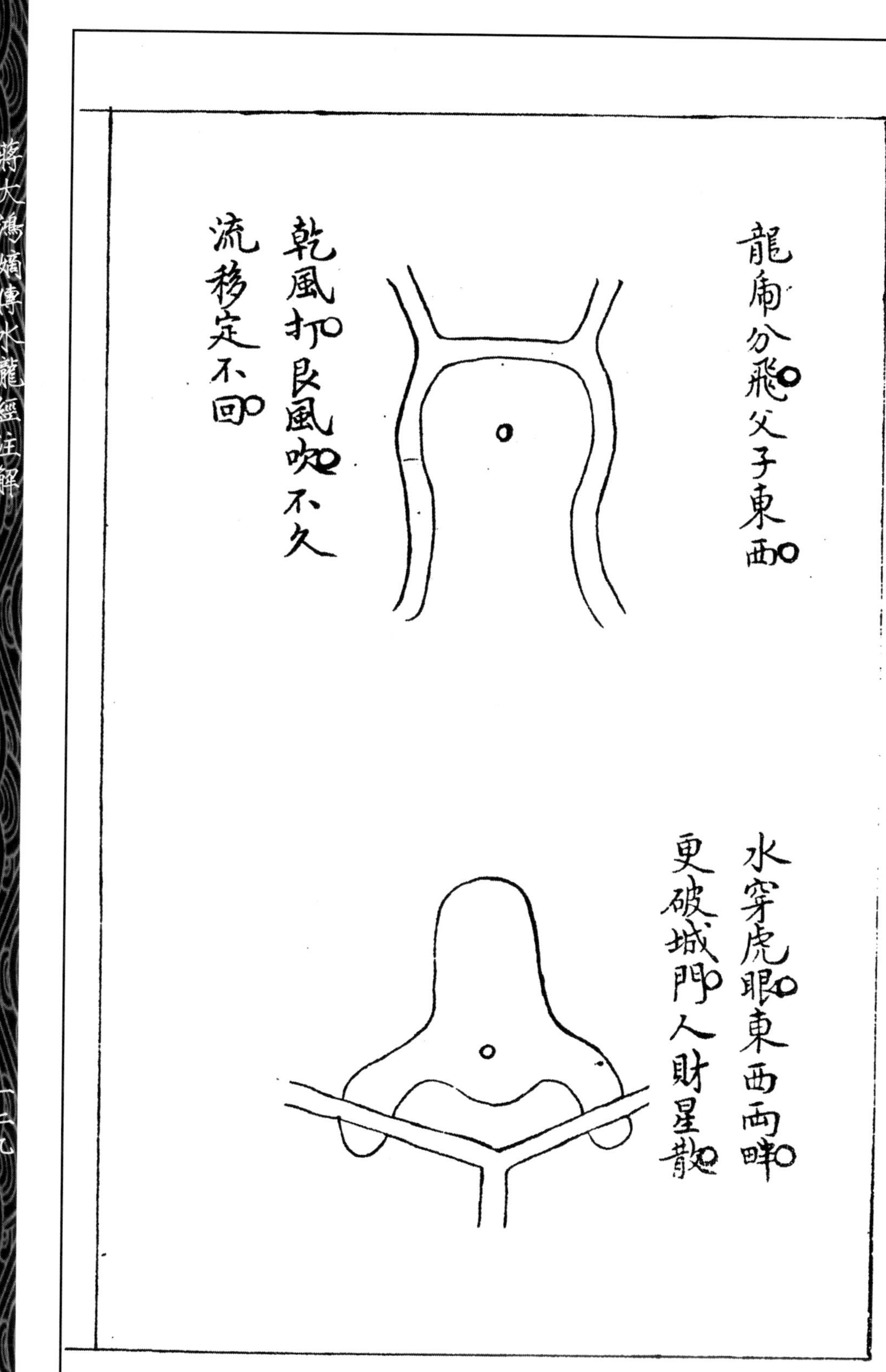
龍角分飛。父子東西。
乾風扣。艮風吹。不久
流移定不回。
水穿虎眼。東西兩畔。
更破城門。人財星散。

左右分張。徒配離鄉。
朱雀拖嘴。官事敗亡。

砂水同看

高田

朱雀之水兩分開。災禍日日來。
又兼溪亂無男女。何須將眼覷。

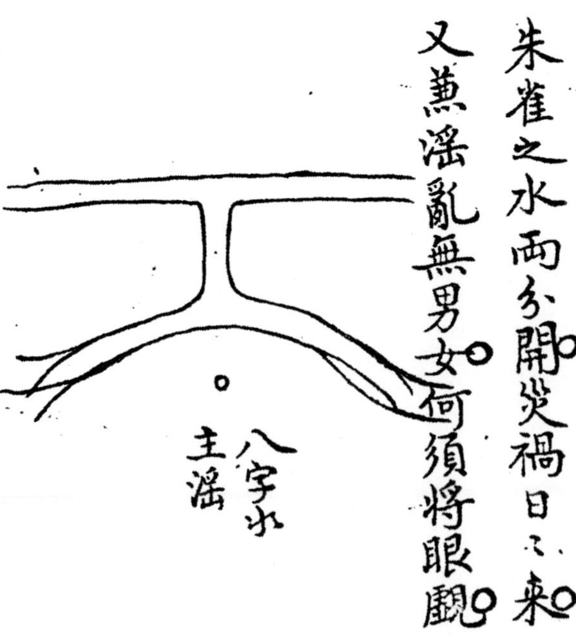

裹頭城裏莫安墳。劫脚東西動火瘟。疑是真龍求發福。到頭終久敗兒孫。

穴太逼窄便無餘氣主絕

若扦坎向上元可發。凡朝水斷不可貼水。坐水又不可遠水。

裹頭城。風字脚。中男吉。長少凶。

水脚兩分流。其家一旦休。

坟前之水分八字。其家定出忤逆子。

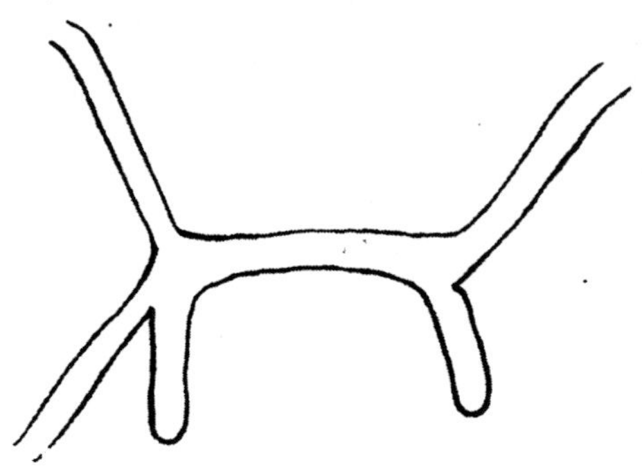

後有拖鎗水。少亡淫亂娼。軍賊遭刑戮。二代絶人殃。

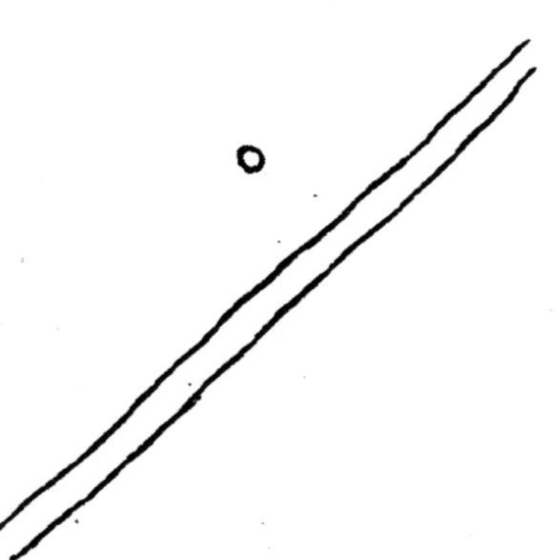

水來生浪如蛇走。人倫敗亂家財有。
青龍有水射其身。子孫刑獄主充軍。

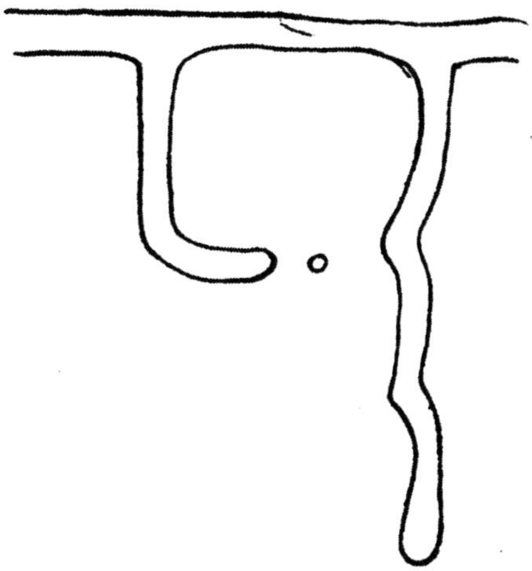

幹水枝流。兒孫敗休。
莫覩漏道損龍胎。此式可參觀。

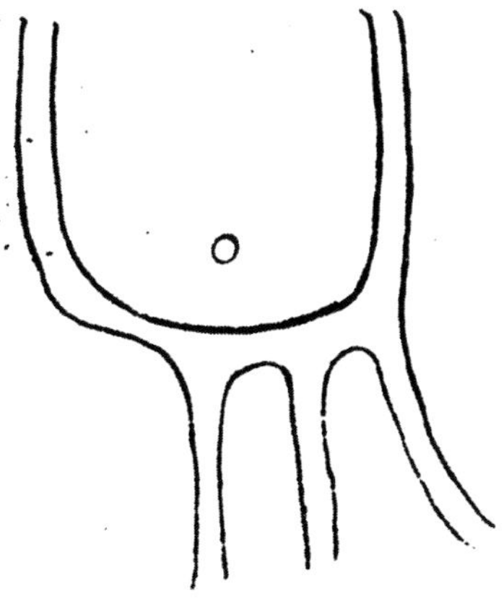

如鎗水射穴橫死宗嗣絕

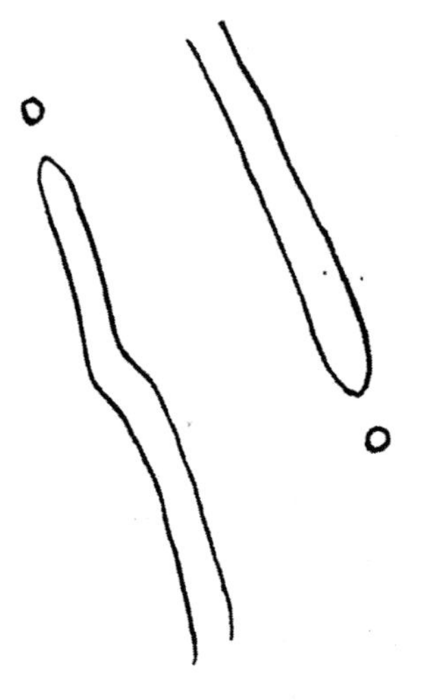

前砂順水似飛旗。金火相刑誰得知。

軍賊破跏跎瞎。有弟兄相殺見凌欺。

坟前有水不相顧。常招女壻當門戶。坟後艮水十字河。子孫瘋疾受災磨。

長河一水通舟直。兩邊不可安坟宅。若有人家安坟宅。子孫遊蕩為軍賊。

飛。

水若回頭去不歸。必定主分離。勢如火焰遭凶死。家業盡成灰。

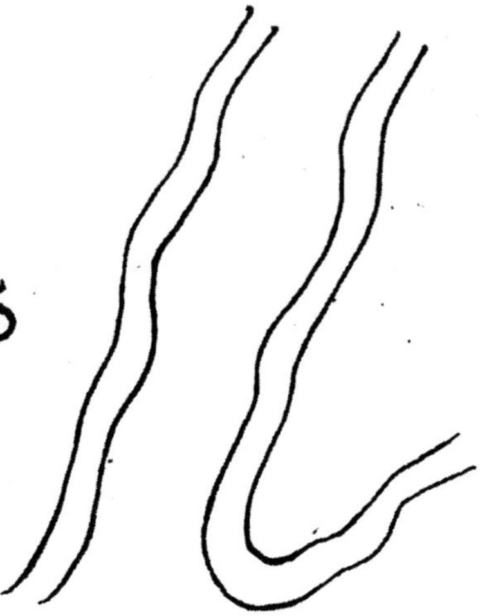

明堂屈曲斜飛水。賣盡田園終不起。初來車馬滿門庭。下後貧窮作賤隸。

五馬五方馳。水散似分屍。明堂若端正。臨刑赦放歸。

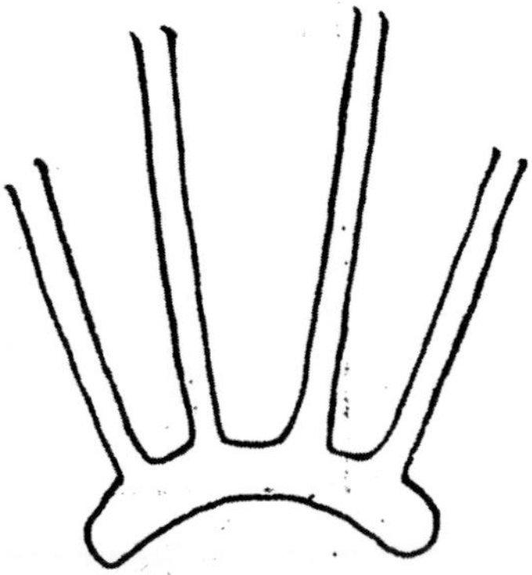

死○

右水反無情○逃離又充軍○

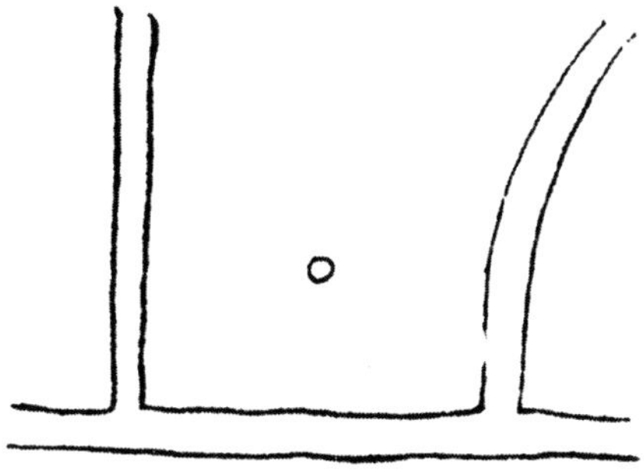

朱雀反弓龍虎張○兒孫忤逆打爹娘○

自吊風聲公事起○損兒損女賣田庄○

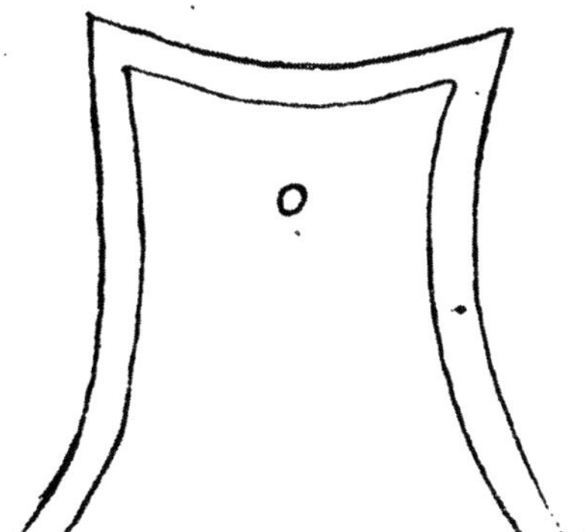

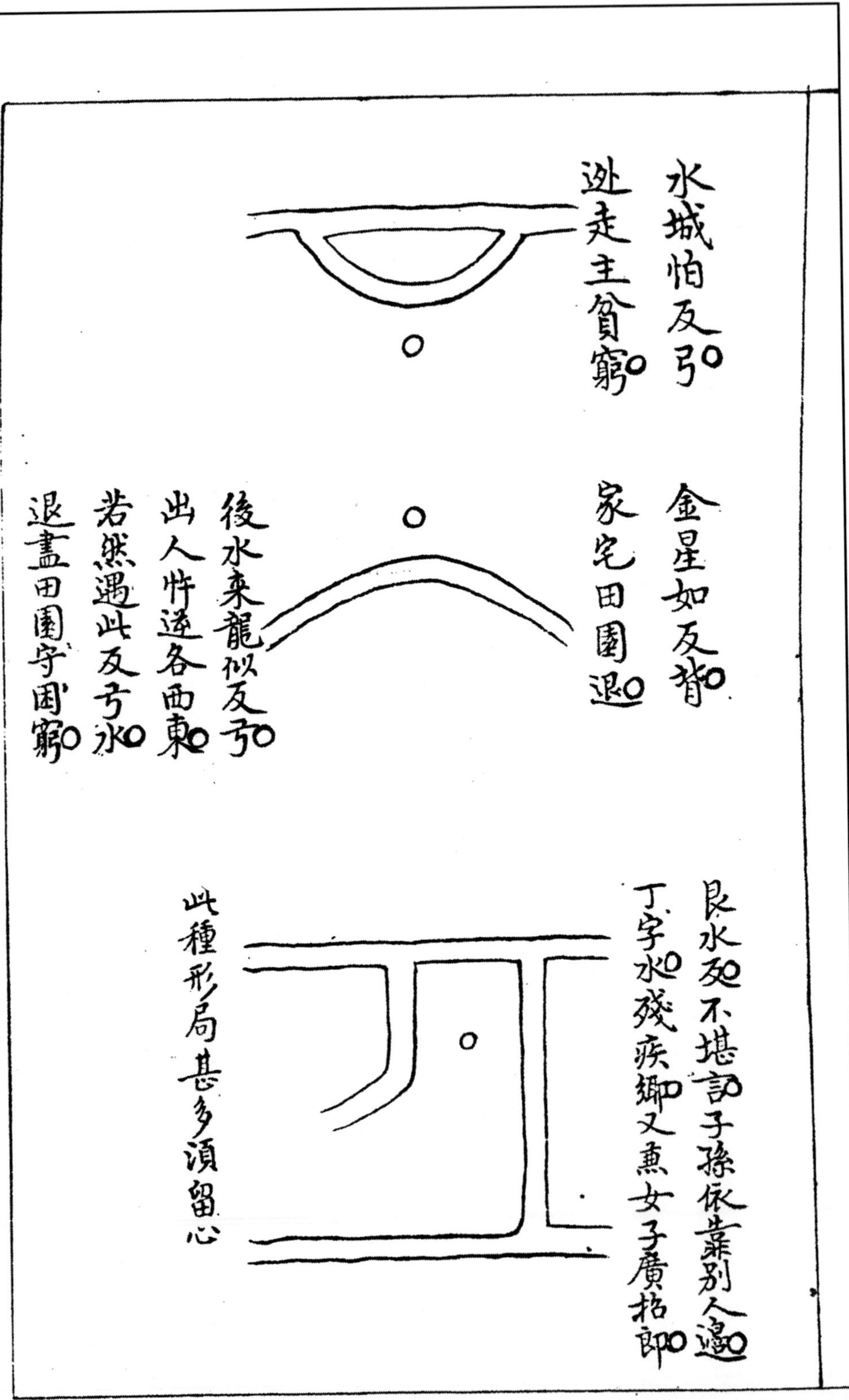
水城怕反弓
逃走主貧窮
金星如反背
家宅田園退
後水來龍似反弓
出人忤逆各西東
若然遇此反弓水
退盡田園守困窮
艮水死不堪言子孫依靠別人邊
丁字水殘疾鄉又熏女子廣招郎
此種形局甚多須留心

論異形

團團流水遶坟基。
子孫絕後主分離。

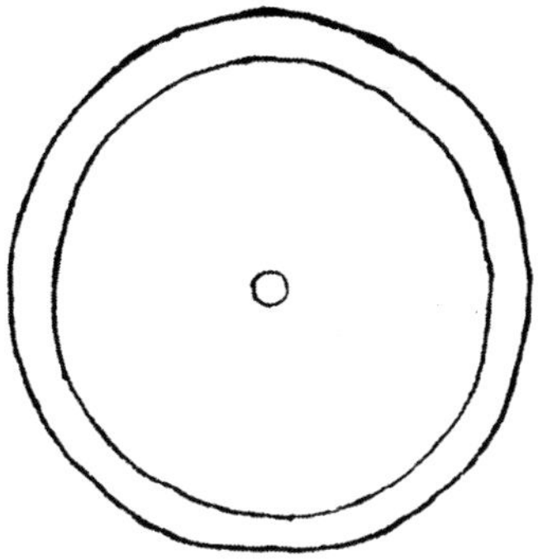

四面冲射凶不可論

周回之水遶坟林。破碎損金銀。

又兼溪乱無家室。疾病少精神。

抄估龍體。縱然富貴。亦主充軍。

抄估形局

抄估之格最不良。下着主離鄉。

牛臂馬腿水來冲。抄估定知蹤。

不論左右并前後。貧窮及逃走。

青龍腰上水嵌破。家內長長有灾禍。

水如捲舌瀝疾磨枷。說是搬非衆人擯絕。

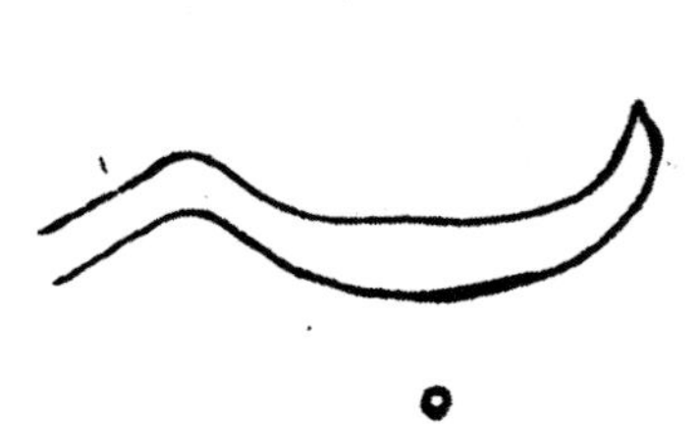

水反如鉤。死在他州。

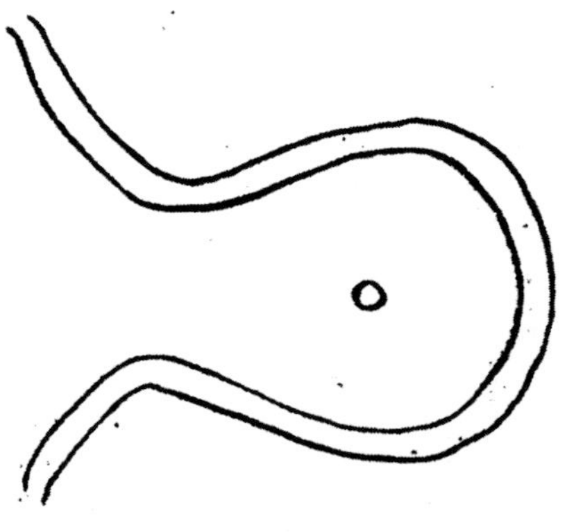

金城吉揖遶如龍。富貴不分家。

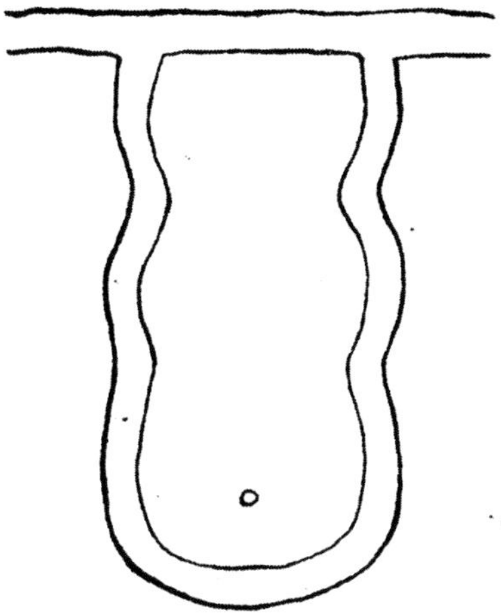

此皆下元局

金城凶揖如蛇橫。逆子結冤家。

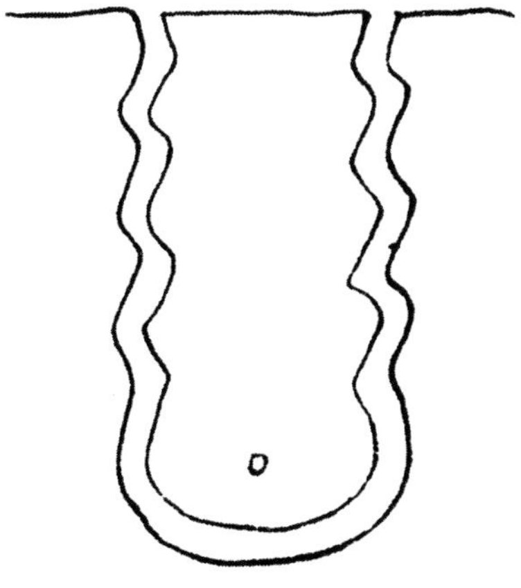

汪云小曲之水。以疎疎為吉。以密密為凶。

又云蛇形必硬曲有尖形。

乾坤艮巽為四門○
一風吹入一家貧○

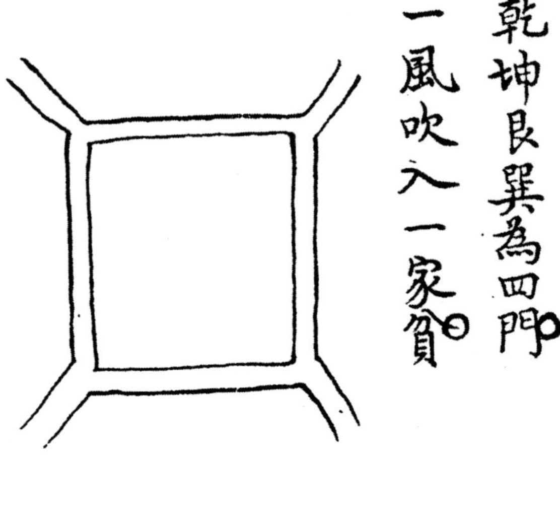

水路生叉○家業波查○

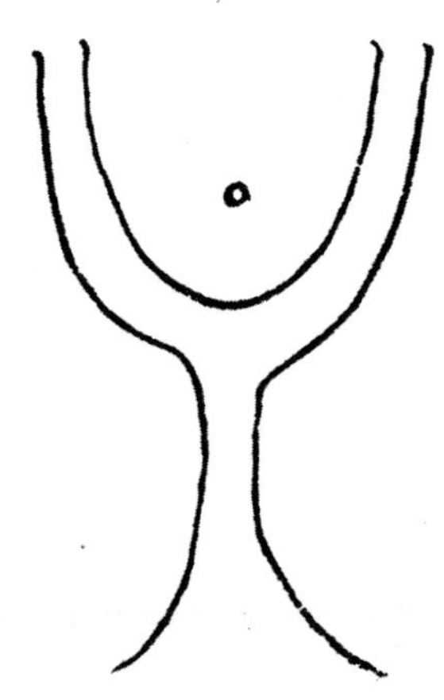

水中有地葫蘆形。毒藥主傷人。

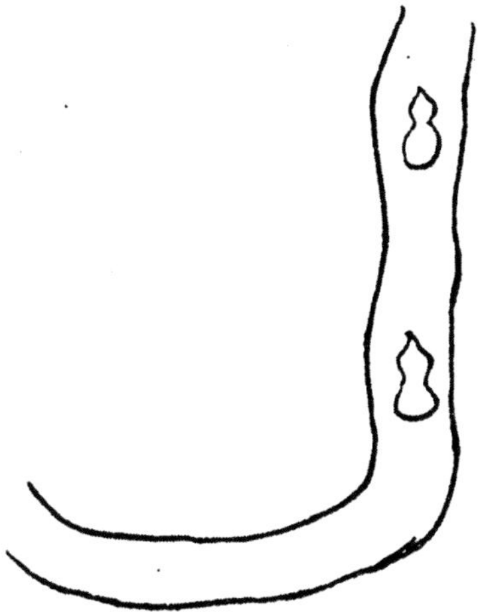

武官旂水交劍長沙。有人葬之上陣身亡。

前兜後抱穴居中。
兒孫黃甲位三公。

汪云此必是下元坐壬向丙之局。攄法當取坤上小橛。引至穴後。盡於癸位。依樣作方形。或云此是土星掛角。不必開小橛。

屈曲盤旋。子孫綿綿。

汪云此圖不可解。想亦是下元坐壬向丙之格。

屈曲如弓。義門和順。
富貴敎名。奕世隆盛。

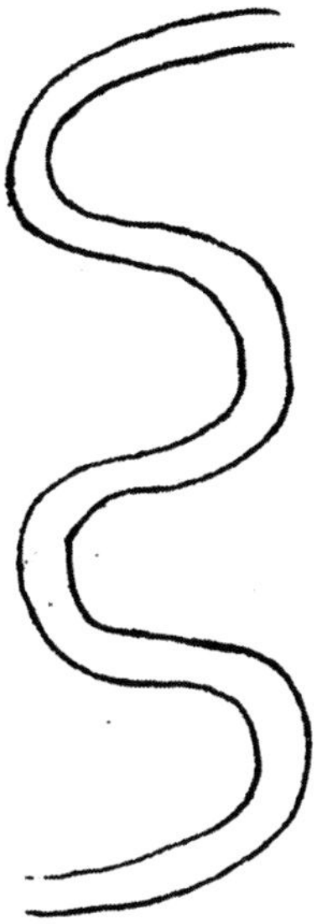

破。

朱雀破頭。事事憂愁。

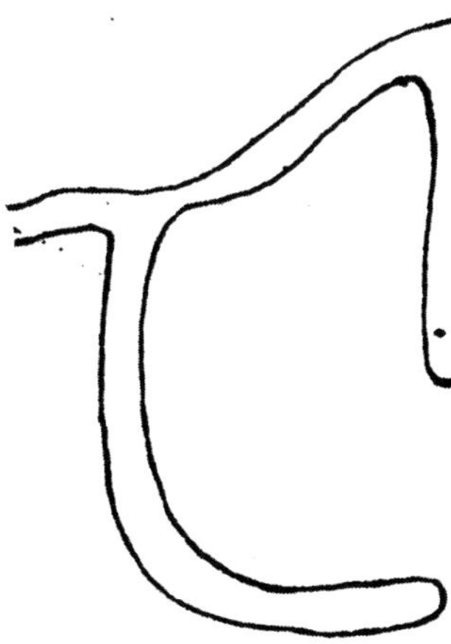

交

火入金名帶劍城。砂水兩相刑。
塋後兒孫終不顯。邊遠去充軍。

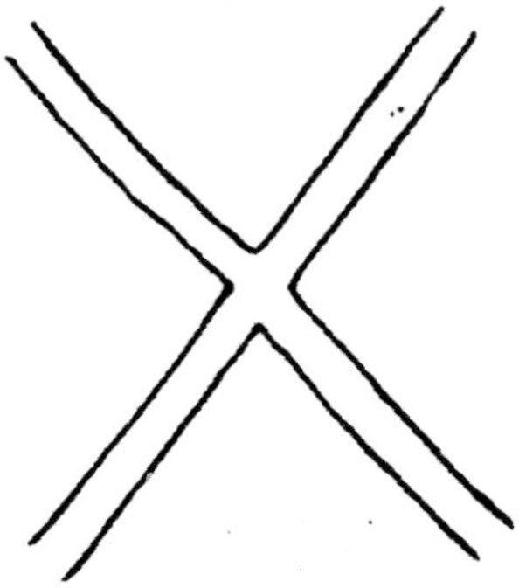

射

屍鎗射穴刑獄充軍。
逃亡橫死絕嗣無人。

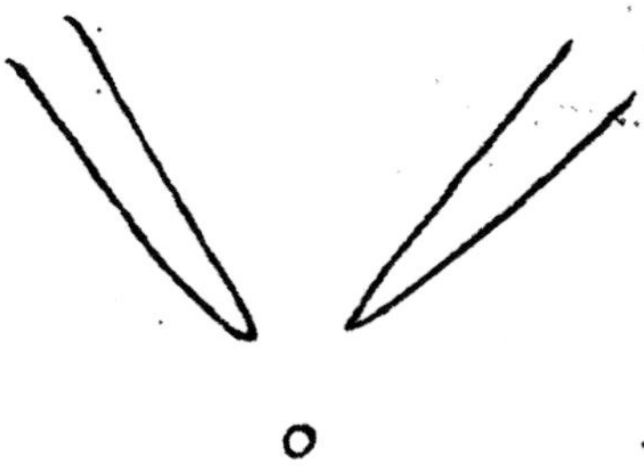

右邉若見丫乂水。此地窮無比。
左邉若見水丫乂。孤寡出其家。

偏。

有一邉。無一邉。衣食安然不久年。

天柱傾

斜

有水如鷺膝。其家終反逼。

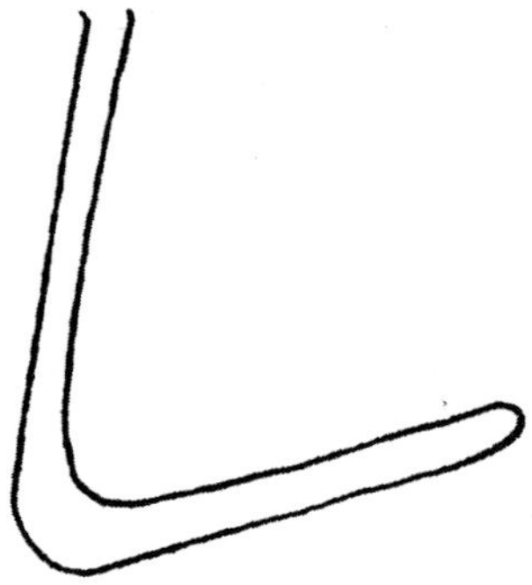

火入金城兩相戰。葬後其家終不顯。功名或是出旂鎗。後代兒孫必陣亡。

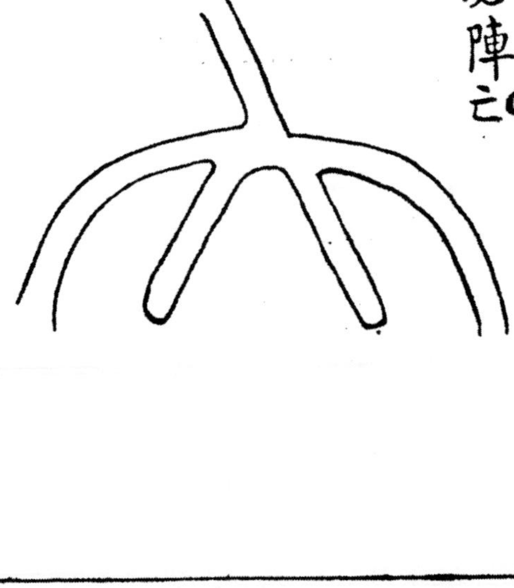

裹○

裹頭之水氣無餘○向前安坟實
非宜○縱使暫時能一發○為人量
窄又無兒○

穴太逼窄便
無餘氣主絕

割○

水城怕過割○下後鎗刀劫
絕嗣又逃亡○時師莫去覓○

左右二水皆從離來即近侵巽坤位不忌也上元即可扦之

明堂若見三摺水。為官必定到三公。正對前朝明印案。弟兄必定世恩榮。

汪云此是排衙之象。可貴也。四面皆水。便是中黃局。於中元倚坎水五午向艮。頭生動。巽、枝、勃發。向前一派離水。從兌入穴。久發無疑。如此大局。十字水不忌。

絕

水城屈曲似飛龍。日日遇恩榮。

來勢曲如龍。富貴永無窮。

汪云此必坤方是案地。離兌兩水頭與艮脈合局。中元從乾宮引水抱穴甚佳

巽

午

乾

丑

按此地來源是艮去於巽兩水頭一畫共乾一畫於丑愚意不必再引小水坐酉向卯於中元扦之甚妙

曲水如龍至。金鉤玄又玄。

有人扦此地。及第必爭先。

汪云神樞忌中通漏洩。此圖非中通。而何余所不取。

汪云与交鈎識異

無此漏方好

飛龍之水腹中求。子孫去拜鳳池頭。

上元

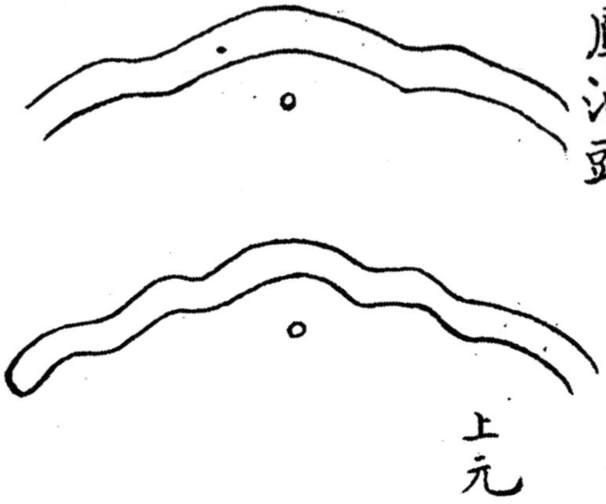

屈曲如龍。首尾朝迎。腹中、作穴。封拜功名。

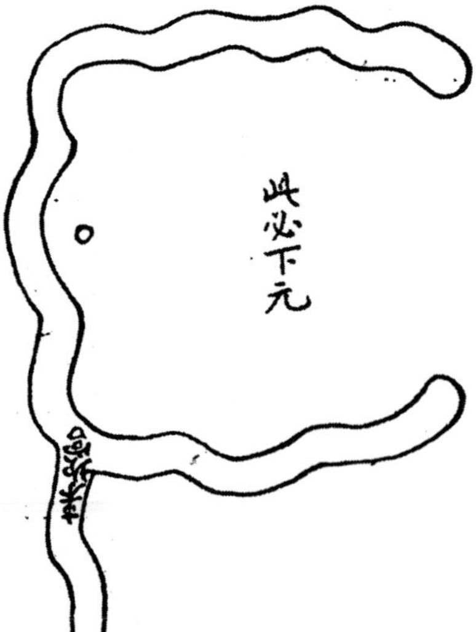

此必下元

仝

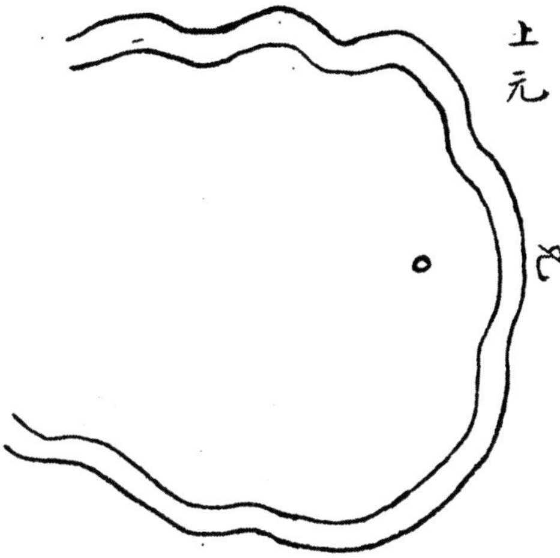

金蛇勢難識。下後大官出。

又名笑天龍

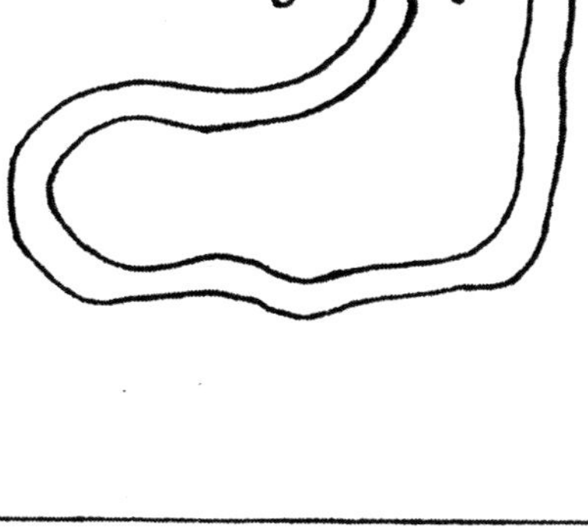

汪云：水脈上元與下元相等。

又云：若另有小枝橫午位，可立午向。

飛龍之水最難逢。〻之必定出三公。

下元先發

汪云貪狼原是發來遲。若此類是也。

舞鳳之水。后妃尊貴。男作三公。少年及第。

上元

向上之水。必不甚長。

二龍相會號雌雄。富貴出三公。

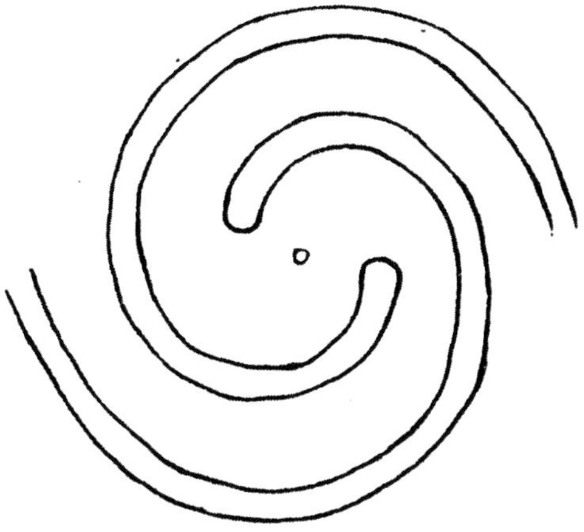

水朝曲去又纏身。家內出豪英。更有路朝生旺地。官顯在朝廷。

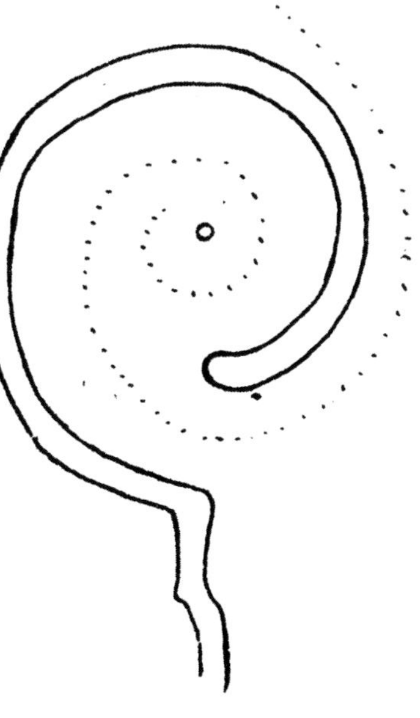

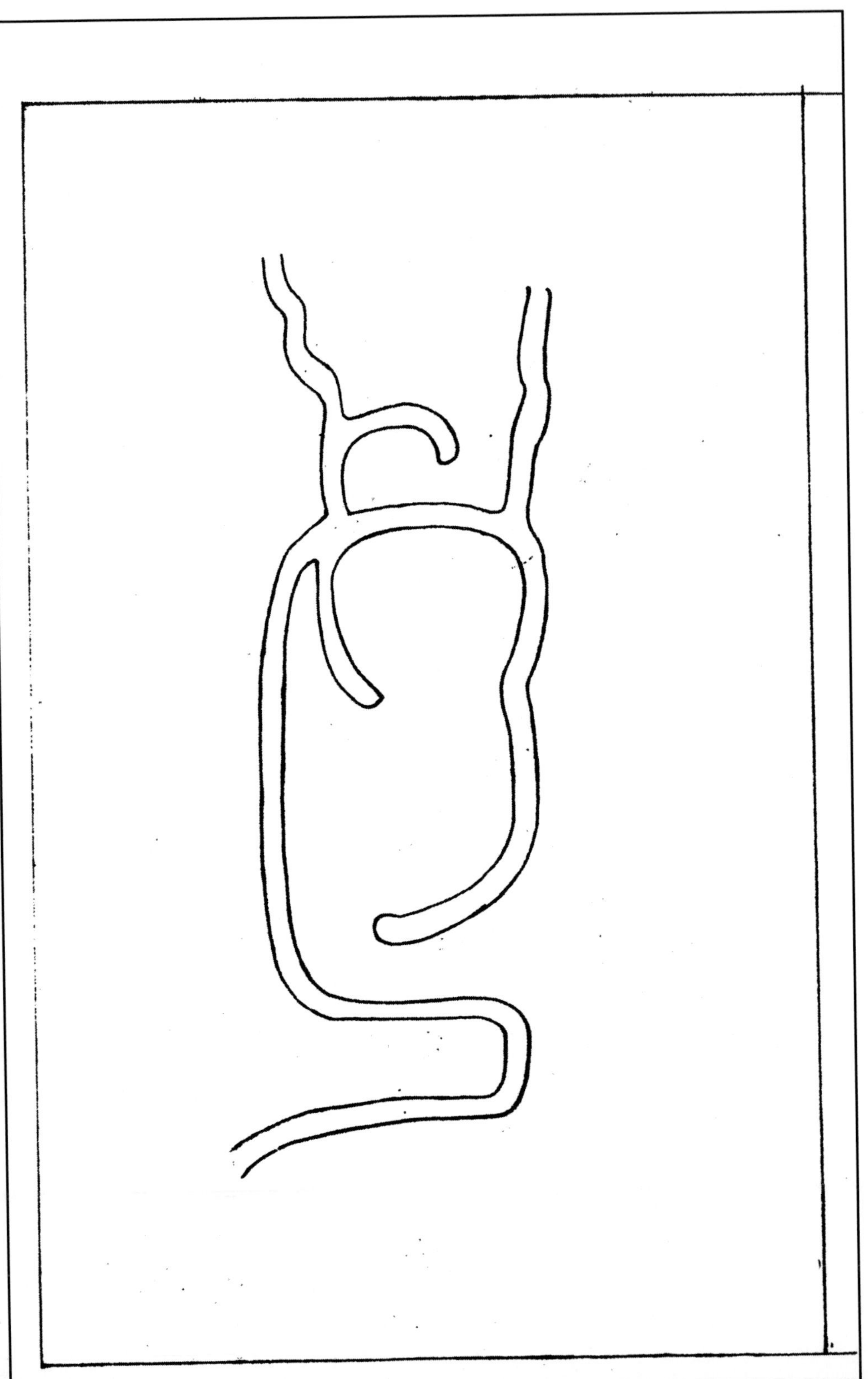

一重路抱一重城。金水重重案面門。
若得穴中再包裹。代代英華達帝京。

蟠龍之水前後拋。庄田千萬富無休。
面前若得三龍水。兒孫代代爵公侯。

三元

兌

蟠龍之水後頭兜○

大貴作公侯○

下元

入首是下元骨○又坎震二

加獨有水二重○

左轉金鈎形○富貴旺人丁○

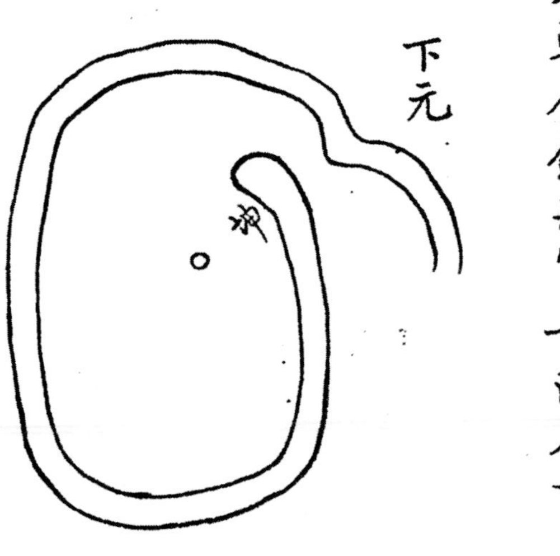

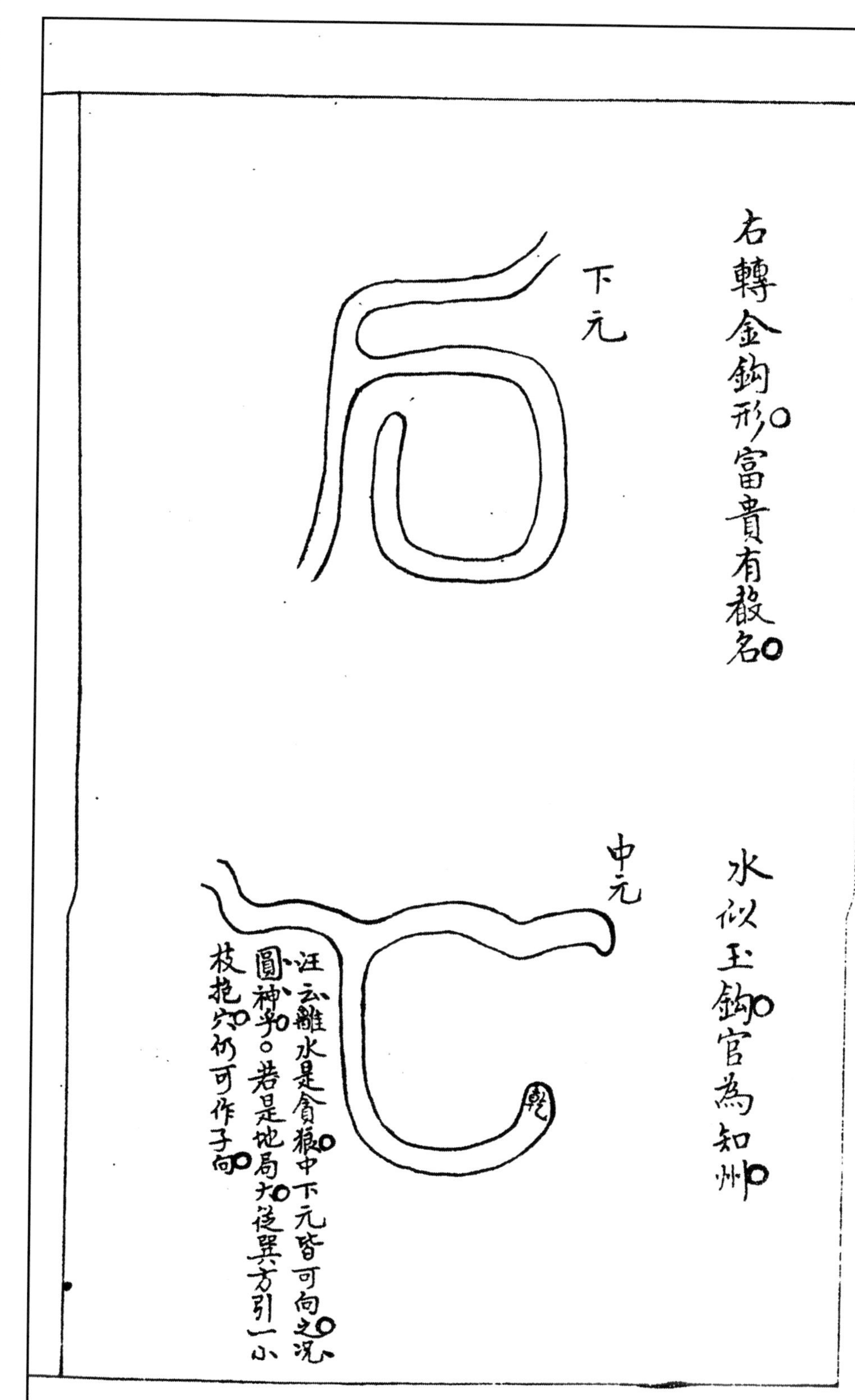
右轉金鉤形。富貴有殸名。
下元
水似玉鉤。官為知州。
中元
乾
汪云離水是貪狼。中下元皆可向之。況圓神乎。若是地局大。從巽方引一小枝抱穴。亦可作子向。

依藤之水。節節有情。
若能扦此。富貴殼名。

此數穴各有所合之元。

左轉金鉤。富貴不休。

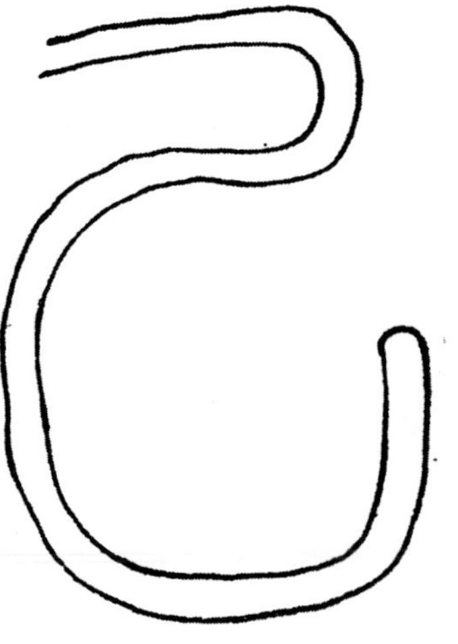

金鉤左轉足金銀。
案應三台出貴人。

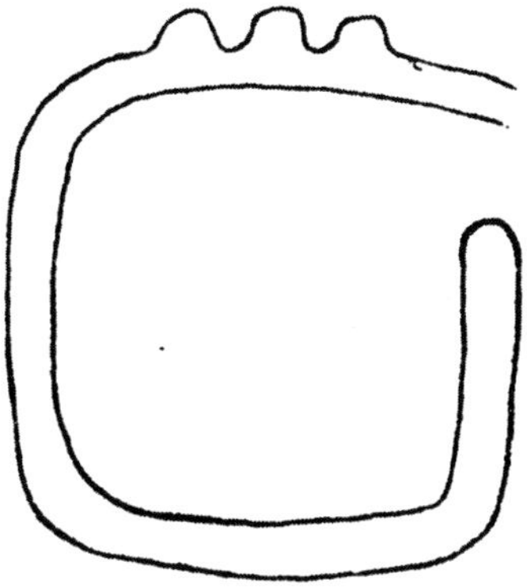

活龍来勢作三台。秀水前朝對面
来。若見有人扦此地。為官代代作
烏臺。

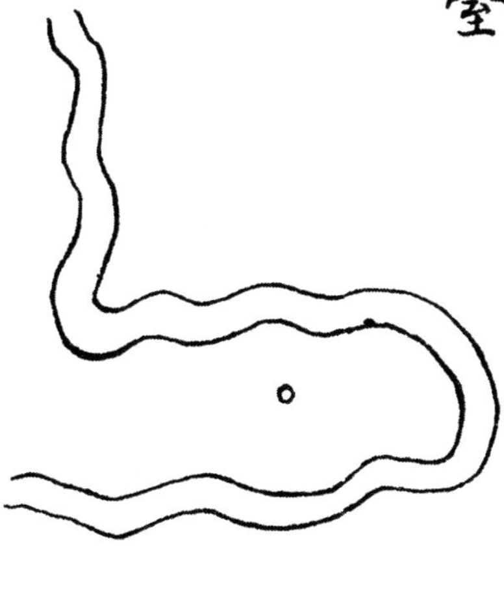

乙字水影身。家出大朝臣。

三元

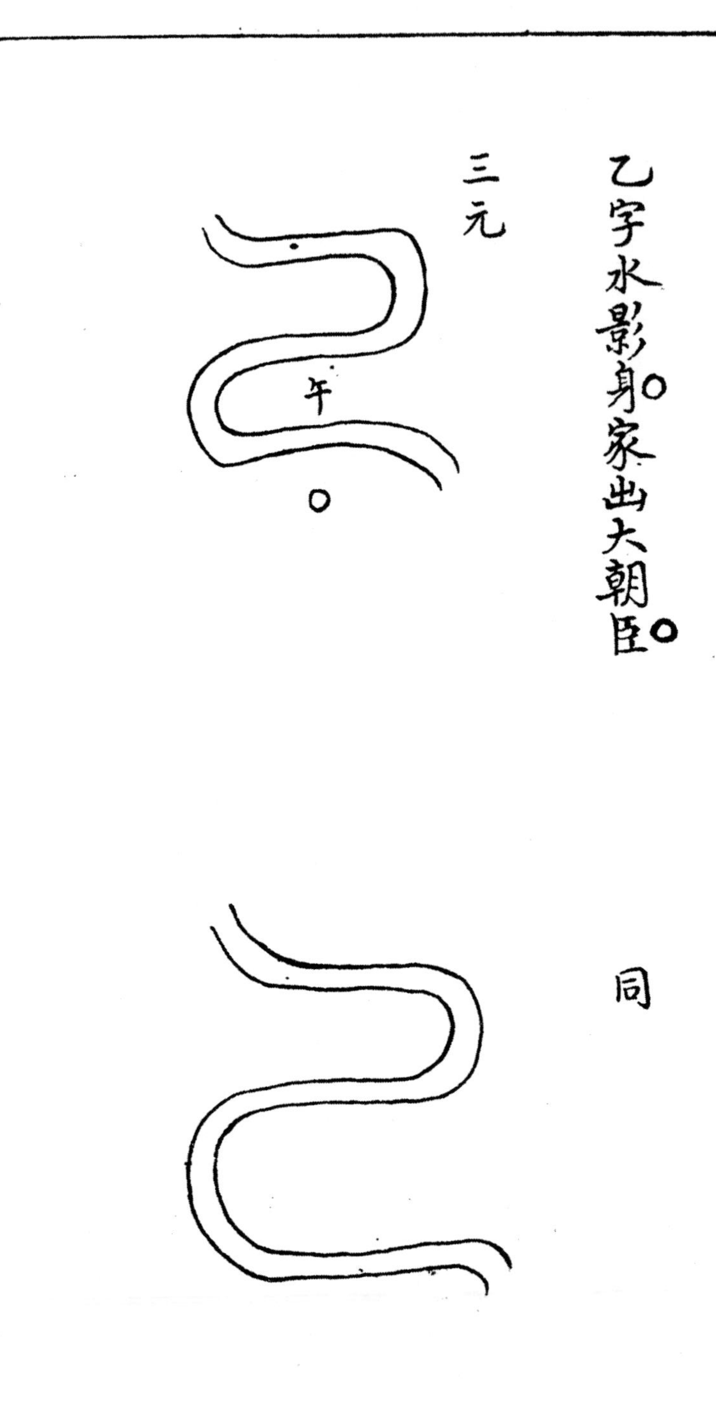

之字合襟之字流
知州知府出無休

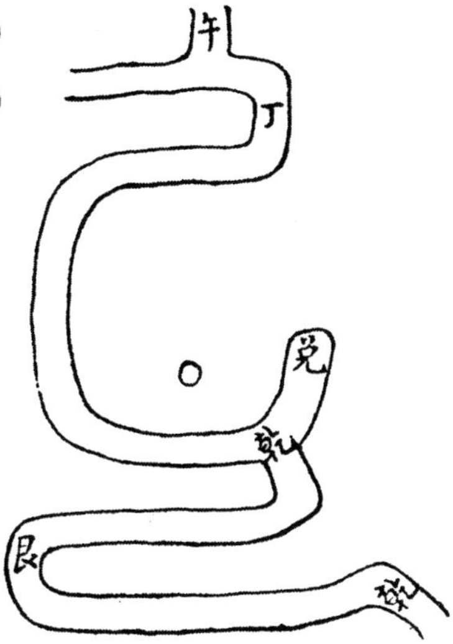

午
丁
兌
乾
艮
癸

此圖有主客同情之病

十字水来坟兒孫手藝人雖然
温飽有成敗定出娼優賤且淫

是亦交劍

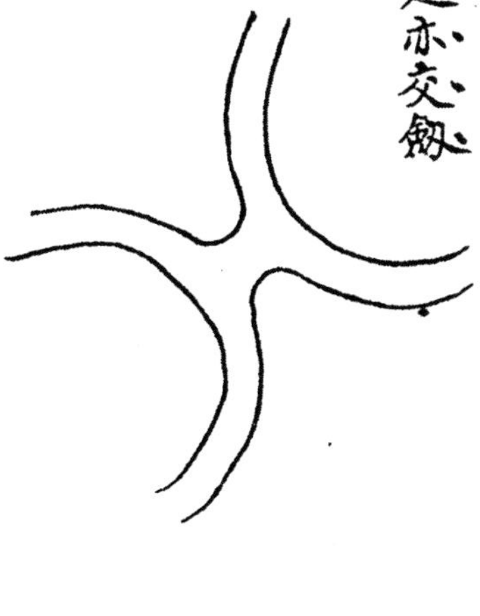

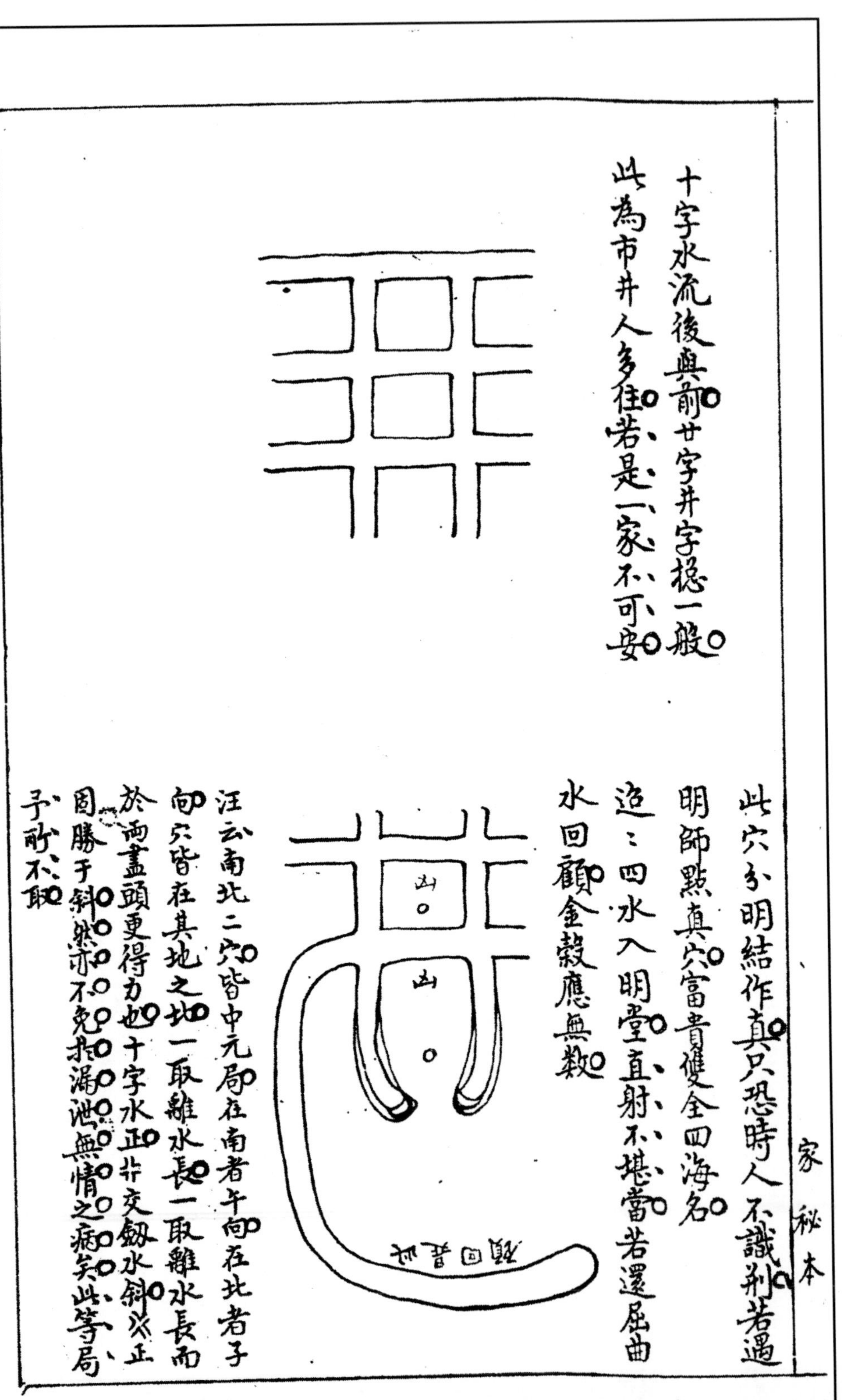

十字水流後與前。廿字井字總一般。
此為市井人多住。若是一家不可安。

家秘本

此穴分明結作真。只恐時人不識形。若遇
明師點真穴。富貴雙全四海名。
迫迫四水入明堂。直射不堪當。若還屈曲
水回顧。金穀應無數。

汪云南北二穴。皆中元局。在南者午向。在北者子
向。穴皆在其地之地。一取離水長。一取離水長而
於兩盡頭更得力也。十字水正卅交。劍水斜、正
固勝于斜。然亦不免於滲漏洩。無情之病矣。此等局
予所不取。

三十年來走道途。不曾下得仰天湖。若也有人扦此地。兒孫衣紫達皇都。

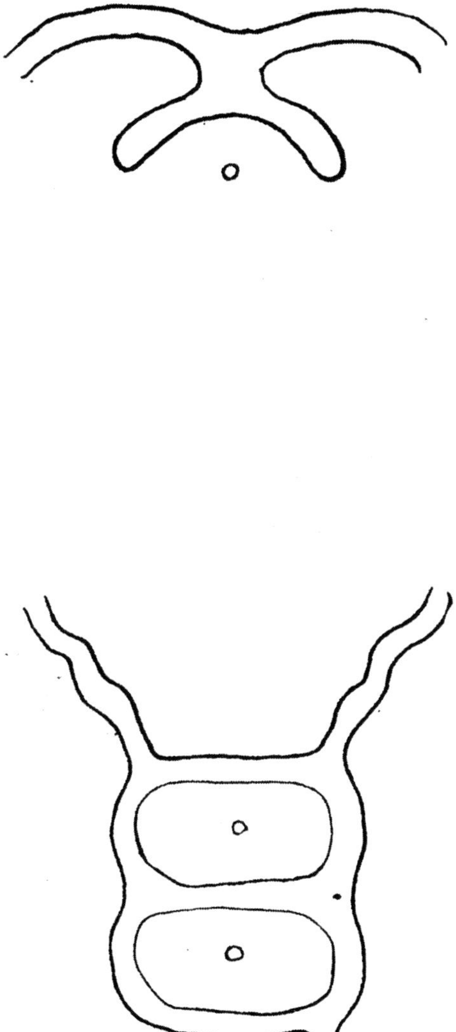

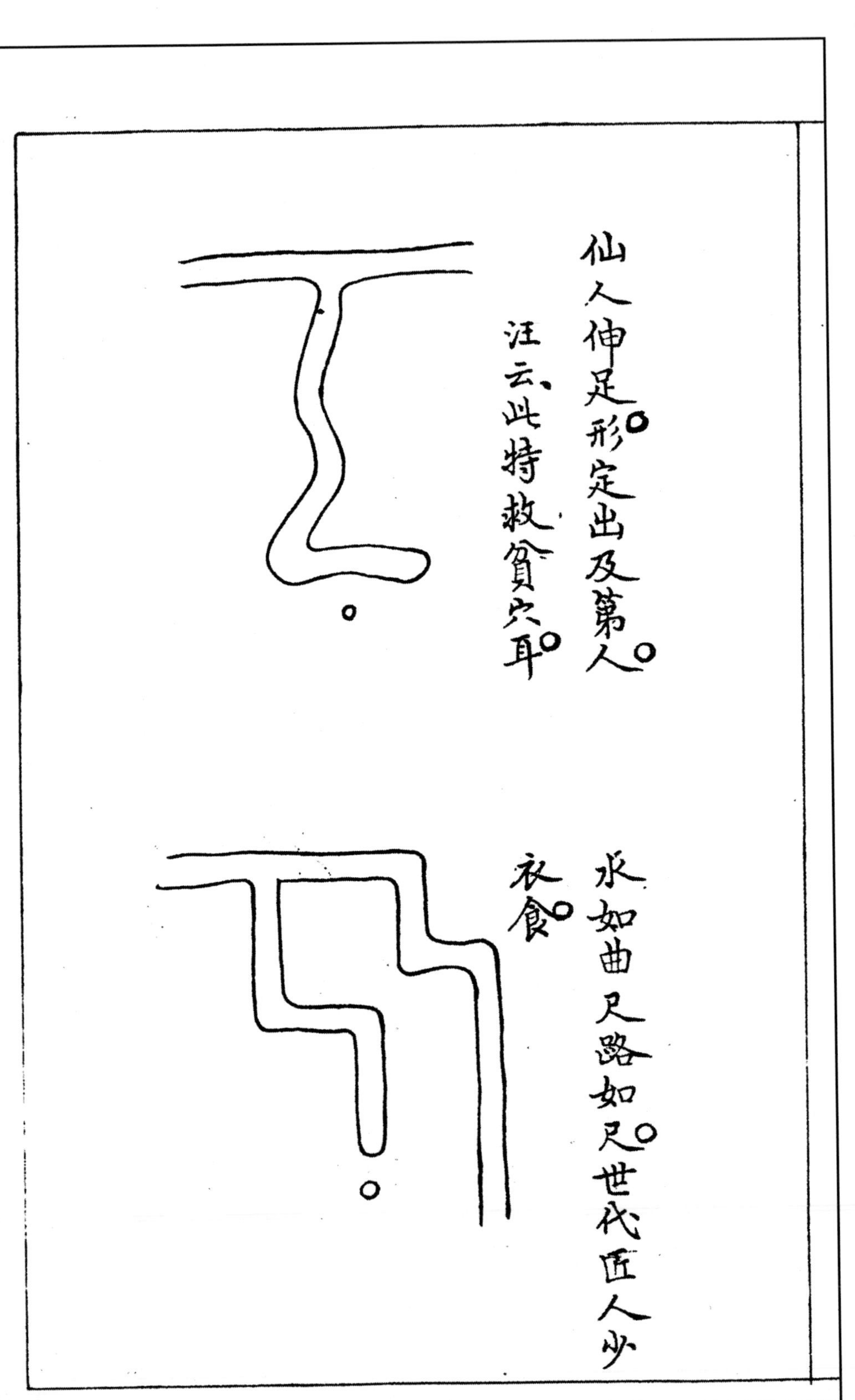

仙人伸足形。定出及第人。

汪云、此特救貧穴耳。

水如曲尺路如尺。世代匠人少衣食。

左右雙龍入穴來。
兄弟高名達帝臺。

雌雄並出水同流。去了又回頭。
一門皆及第。代代位公侯。

汪云此是換龍穴。圖失真可恨。

二水會龍須出貴○
兒孫定折月中桂○

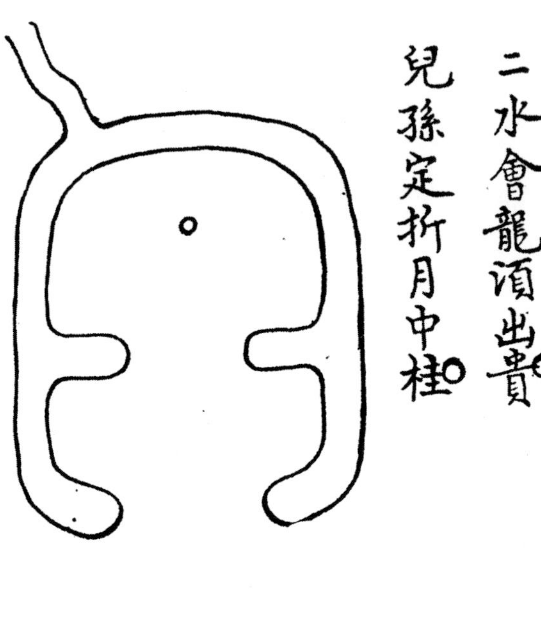

葬龍腹○棄龍腸○吉星加臨貴復昌○
葬龍尾○棄龍足○歌舞燈前主巫祝○

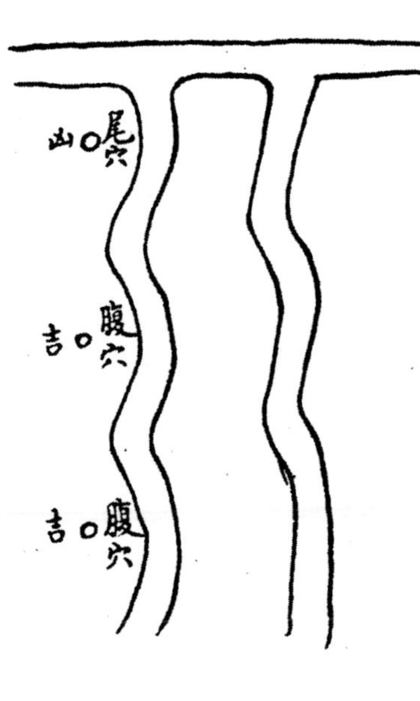

雌雄相見。天道交通。
陰陽得位。定出三公。

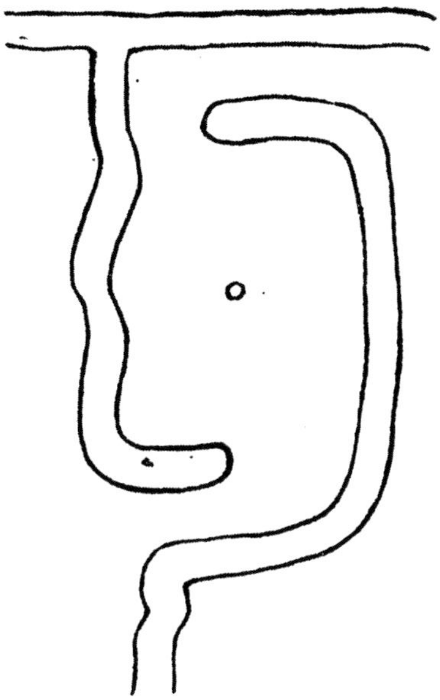

雌雄交度。穴聚天心。
安邦定國。四海揚名。

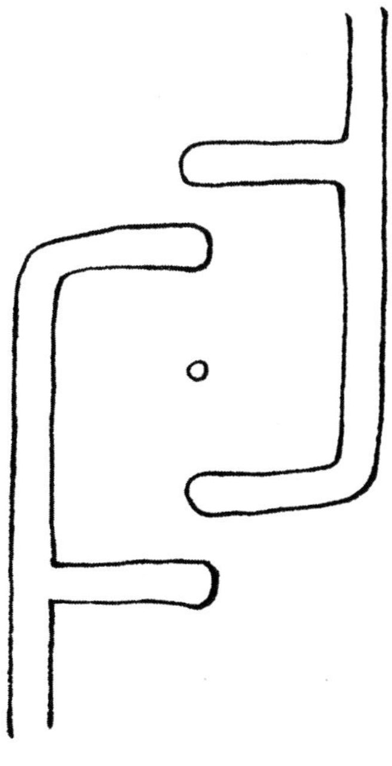

砂水纏流荷葉地。却如架上金盤形。若然點作幞頭看。富貴兒孫朝內人。

汪云。此名喝形之類。以愚觀之。八白有回炁。而穴處中黄四六皆有脈。乃中元兼上元之局也。又云。郭氏云。遠身方正。即為華蓋幞頭。可見原重在方正。不重幞頭也。

此水名鷺膝。子孫定忤逆。財物化為塵。人帶手足疾。

幞頭地執笏水。子孫及第作翰史。

此穴是中元兼上元局。

蔣公云此不過水城遶抱而發。不重幞頭。

左水似筆頭。長子貴無休。

右水似執笏。少子中魁元。

下元局。立午山坎向。

左水似笏。其宮兀兀。

照圖是下元。

汪云、似中元、此當翻轉看、可以卯向、方合、

左水似筆頭。家主進田牛。

此竿頭鼠尾之形耳曷足貴乎

二出合門前。家富出名賢。

汪云、此等水。宜向不宜坐。後坐之水。必統於一方。成臨馭之象。又云、更當於左水突處開出。枝抱穴後。左環盡於輿位方為全局。

二龍相會應門前。子嗣去朝天。

右邊二水抱。家內足金寶。

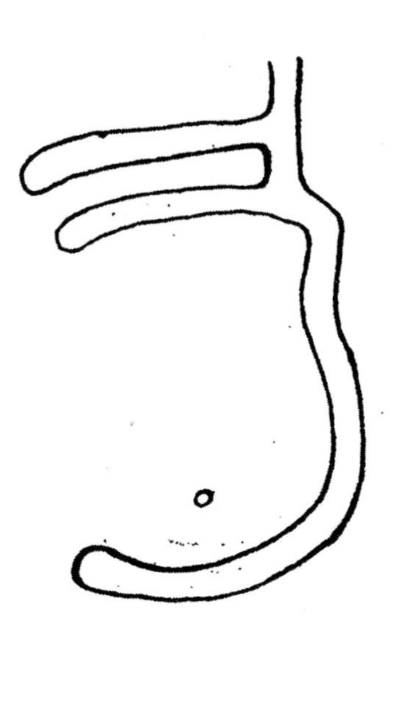

二水後頭兜。代〻入皇州。

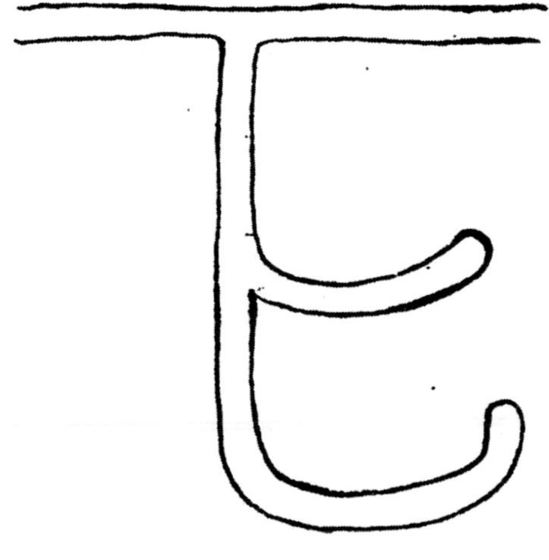

二龍水後兜。富貴永無休。

下元

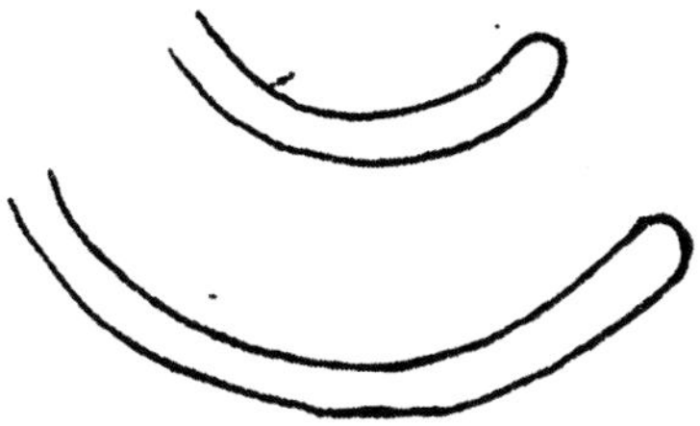

二龍相會後頭兜。坟宅扦之永不憂。男女不眀金穀貴。兒孫早到鳳池頭。

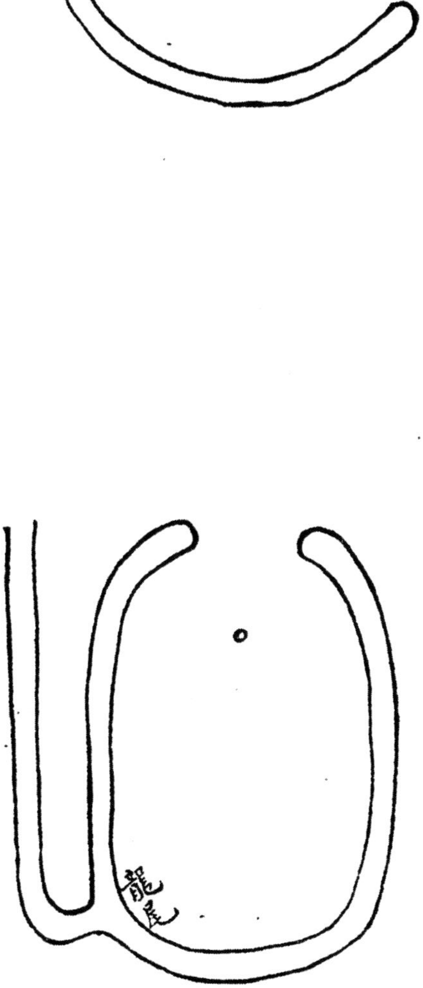

龍尾

注云、此是下元局。左右皆下元骨子。一畫於巽。一畫於坤。水從乙來。從癸入。當運時可以大發。

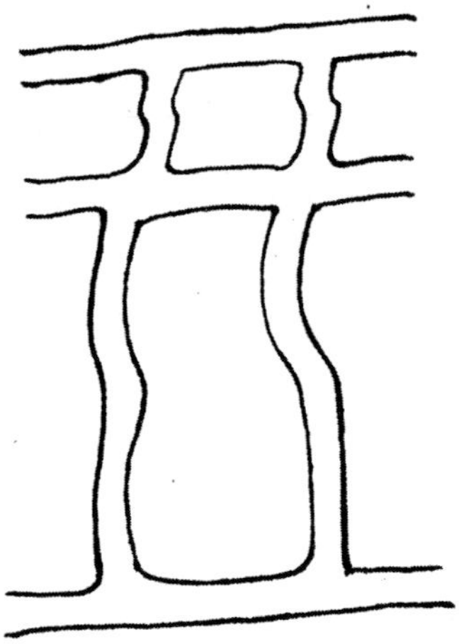

迢迢四水入朝堂。直冲直射不相當。
若還屈曲水回頭。貴上金堦穀萬倉。
其地一圩二、三、十、畝乃吉

三水團龍勢、葬出公卿士、

二圖皆有十字斜飛交劍之病我所不取

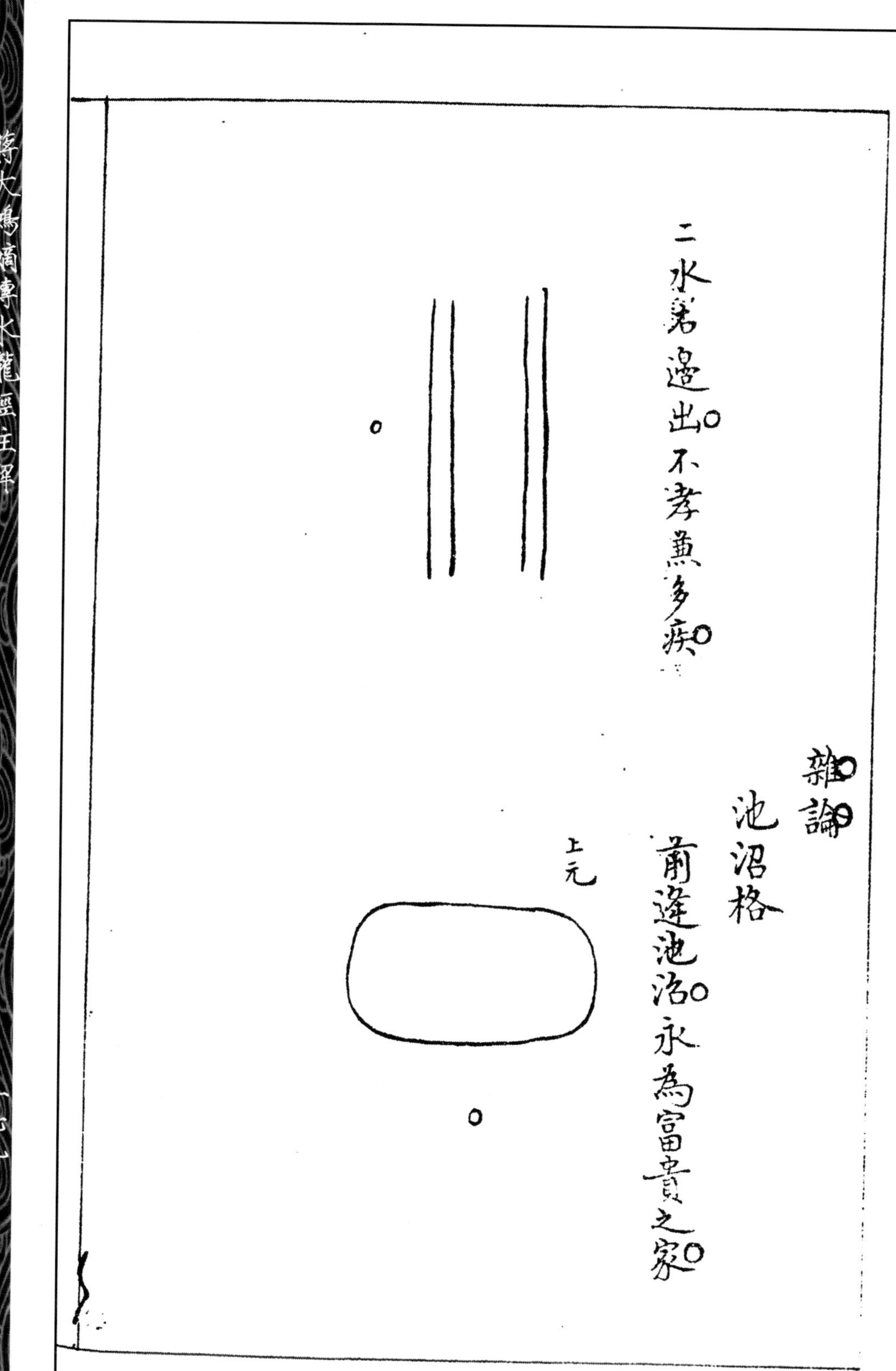
二水若過出。不孝兼多疾。
雜論
池沼格
前逢池沼。永為富貴之家。
上元

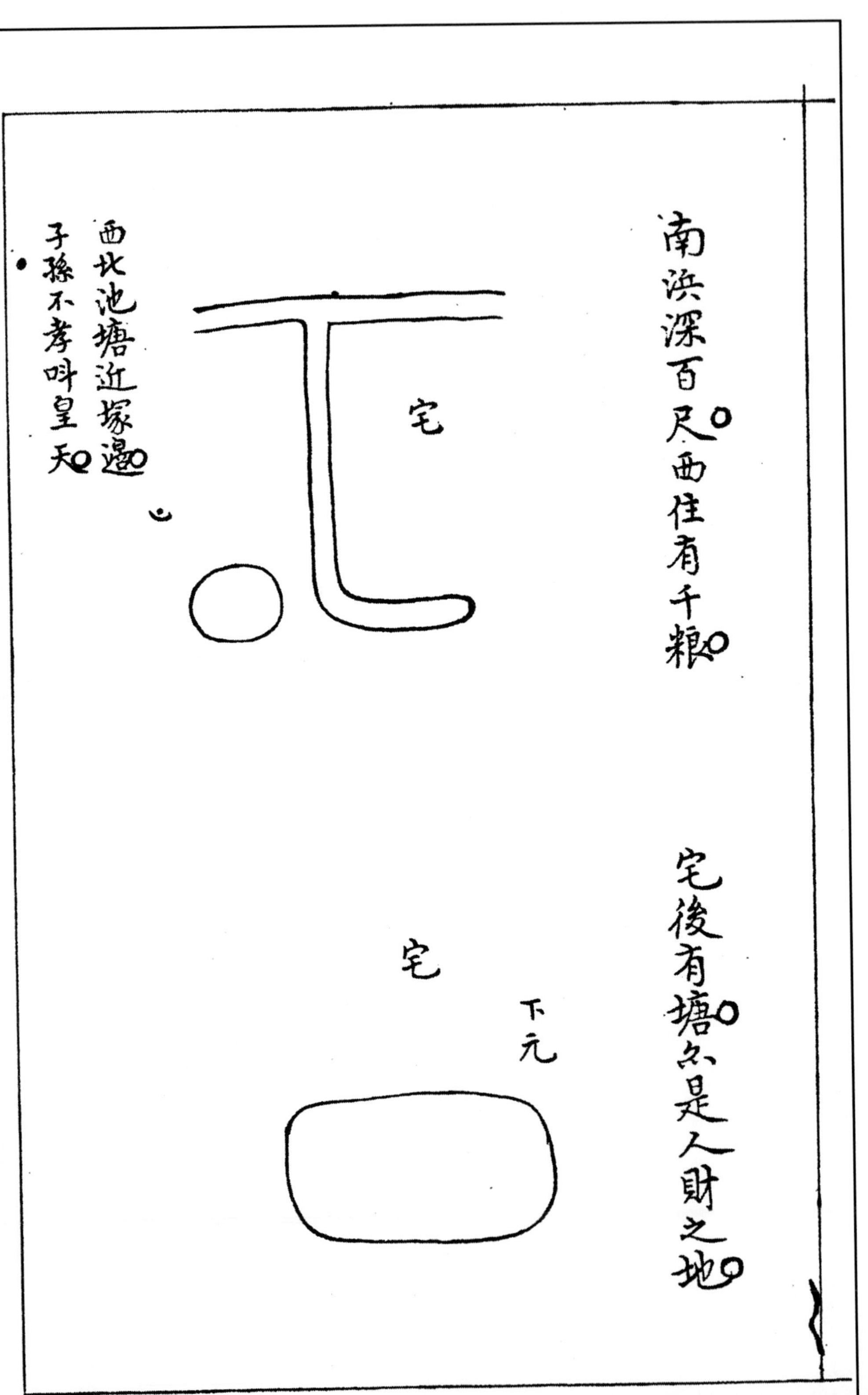
南浜深百尺。西住有千粮。
宅
西北池塘近塚邊。
子孫不孝叫皇天。
宅後有塘，忽是人財之地。
宅
下元

右邊池水應門前。抱穴富庄田。

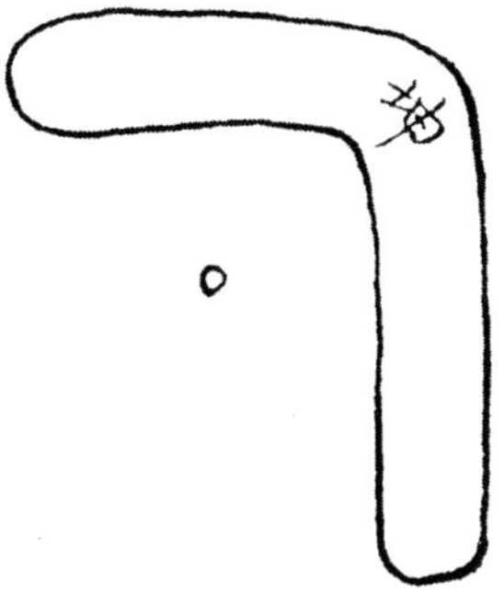

池

井不分左右南北。近塚主心腹目痛。在坟後損子孫。

井

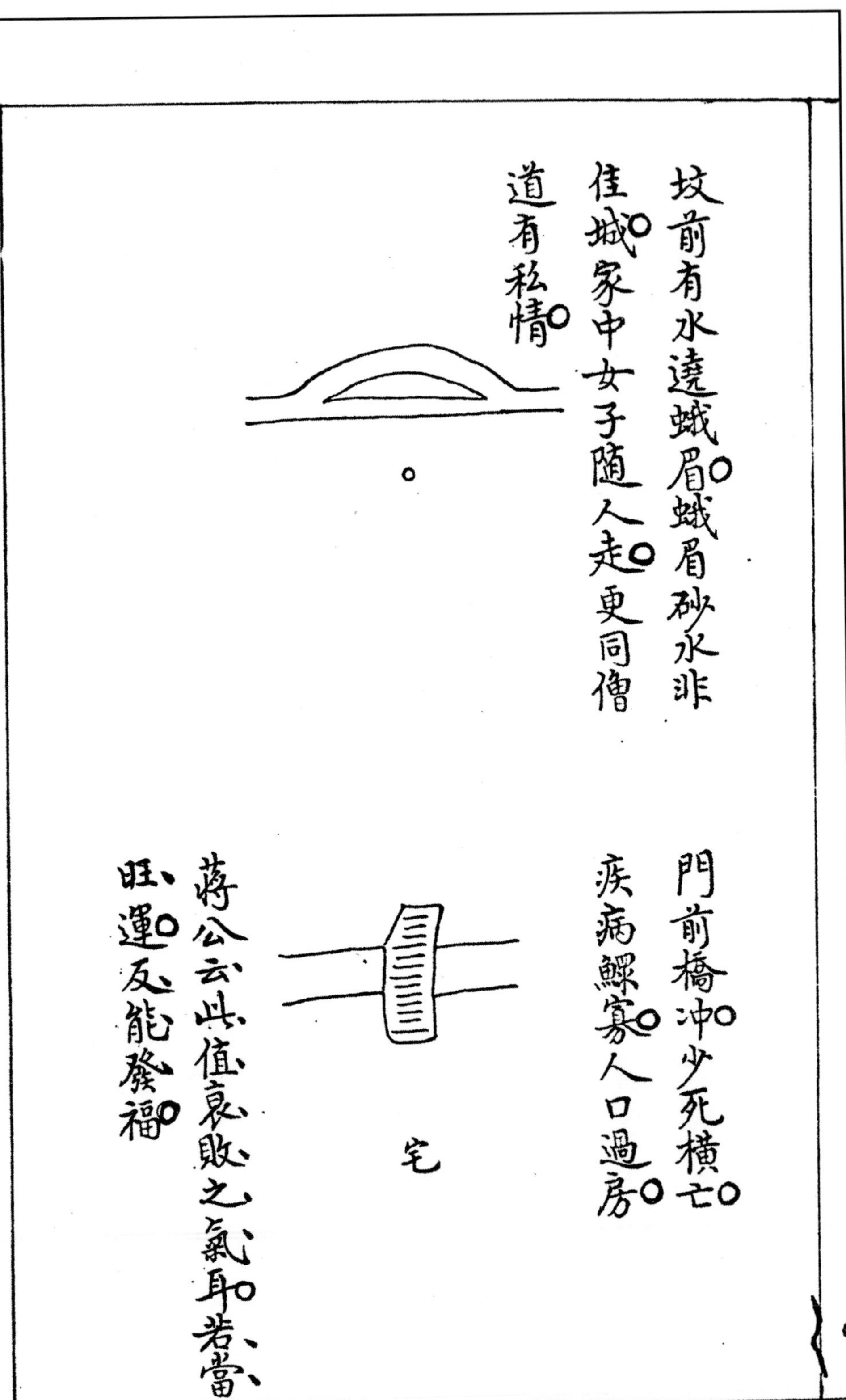

坟前有水遶蛾眉。蛾眉砂水非佳城。家中女子隨人走。更同僧道有私情。

門前橋冲。少死橫亡。疾病鰥寡。人口過房。

蔣公云此值衰敗之氣耳。若當旺運。反能發福。

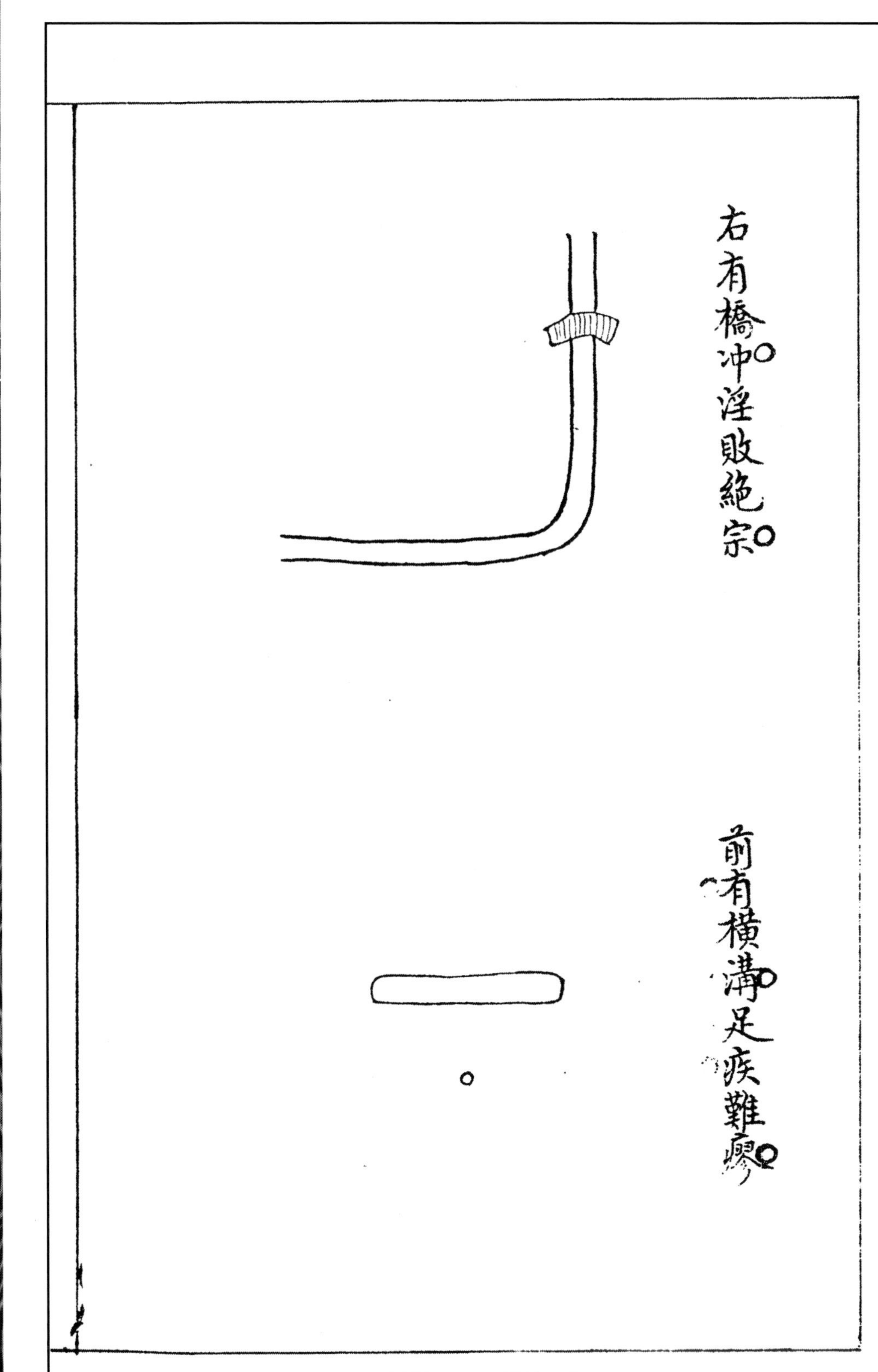
右有橋冲○淫敗絶宗○
前有横溝○足疾難瘳○

朱雀下堂地且高。此穴安然樂自豪。
更有後河來抱。脫却藍衫換紫袍。

高地

汪云觀詩詞。此是下元局。右水當開至坤上。

前山如木杓。
媳婦抱公脚。

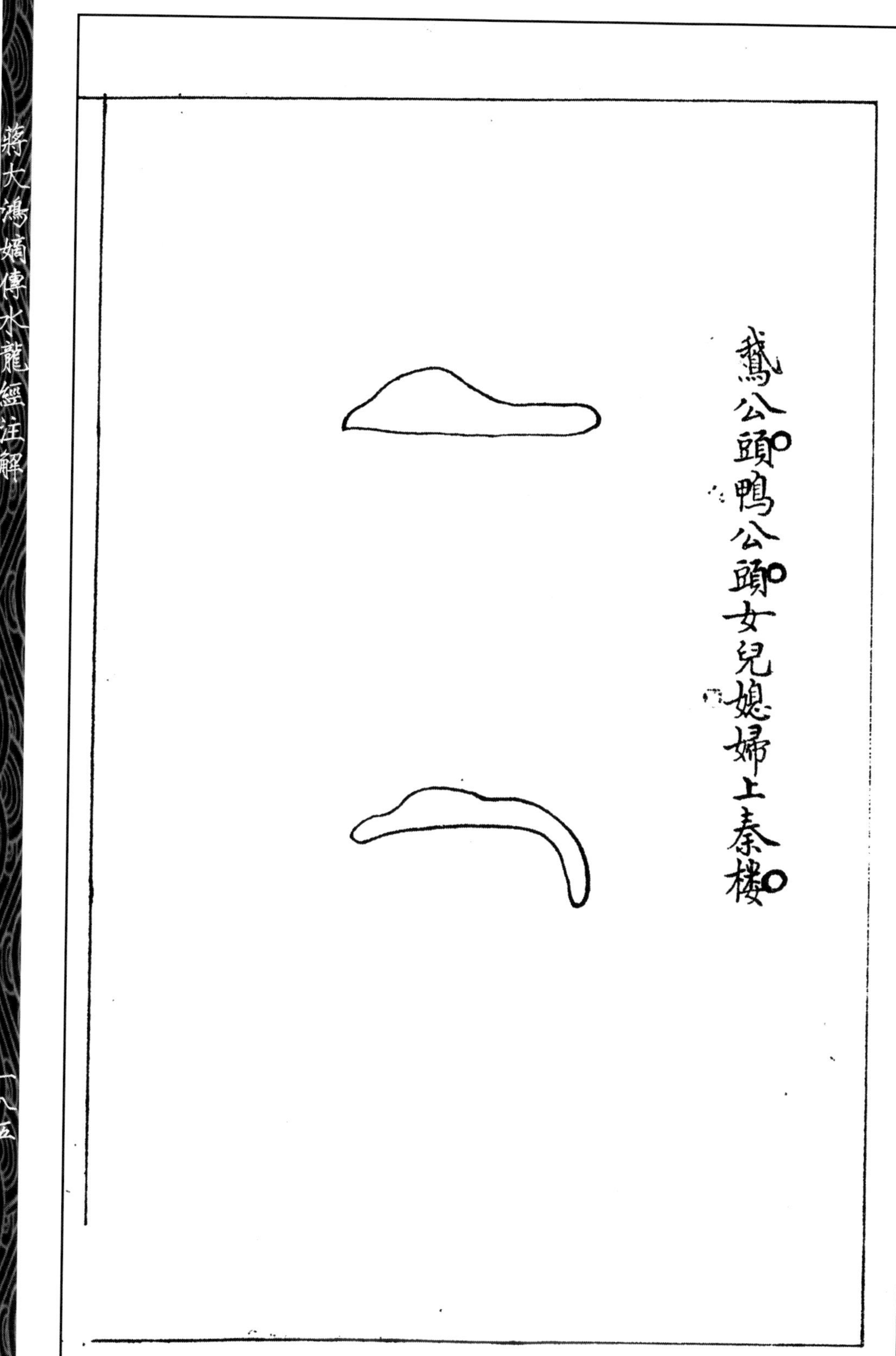
鵞公頭。鴨公頭。女兒媳婦上秦樓。

郭景純水鉗賦

水龍經第三卷　伏龍山人董遇元編

天壤浩渺○三辰顯晦○一氣循環○五行榮悴○江河以流○山岳以峙○暄陽為生○寒陰為死○是以哲人○象天則物○因地察義○氣以載理○磅礴無疆○理萃氣聚○陰谷生陽○地出川岳○天垂斗星○本乎一氣○同情異名○貴穴龍形○列宿燿明○天施順布○地德上承○葭管灰飛○孕懷百靈○鑄以形氣○剖以吉凶○陰陽相禪○五運森聯○舉一遠二○乃術之偏○欲識其地○先觀其天○欲識其形○先觀其玄○禹迹茫茫○哲人大觀○不察其流○孰知其源○滔兮漫行○疊疊淵淵○乘風而行○子母相援○夫婦交度○剝換蜿蜒○柔和為吉○激射為嫌○指水為水○

槑照堂傳

秘本

孰辨五星。土水厚重。金水圓清。木水挺直。火水飛騰。臨涯跳激。不失其形。金木相攻。變水則比。水火相戰。木旺尤忌。土神生金。最畏逢木。木星帶火。邦家傾覆。趨蓄之位。各有關軸。胞胎環護。生旺聚局。衝尅形傷。災祥迅速。拙師謬誤。誇誕多門。按圖習偽。百無一真。彼以為是。我獨知其杳冥。嗚呼。吉凶本乎消長。五行運乎死生。信耳不如信目。信目不如信心。景純雖死。精神尚存。若乃長江鴨綠。大海無涯。波瀾洶湧。蛟龍夜啼。界之罔極。索之愈疑。雖有曲折。不名逶迤。運啟天鑰。君子勿題。下迨淮泗。江峽漢水。巨脉縱橫。沿洪觸涘。州邑鄉邨。龍神所據。旋垣轉屏。脉隨氣聚。揚眉遠眺。精神來會。洲澗洋洋。穿江入湖。三十六穴。景純所圖。末晉之間。仙音既殂。宋唐以來。水法虛無。青烏石匱。發自何年。不載他物。惟說水鉗。此篇龍法。紛錯糾纏。形雖具陳。得魚忘筌。

須悟以心。生旺起祖。清純入穴。水纏砂轉。蔓若瓜瓞。認根識幹。認枝識葉。山亂勢奔。水亂勢結。蛛絲浪。隱隱冥冥。入土不滅。入水不湮。上哲辨氣。下士辨形。形氣俱得。殃福自真。視淵若著。視漠若暄。玄而又玄。難以言言。古人已歿。莫拾糟粕。東南華暖。西北凜冽。雪冰未消。湖水易淺。揆高衡平。視生處穴。寶鼎烟消。虛簷雨歇。獷弩發機。遊及一節。蝦鬚蠏眼。立論紛紜。蓋粘倚撞。化生腦展。神不傳目。化不傳心。庸師懵懵五行。不分。既泥羅經。又多謬星。指生為死。鑿凶裂純。上瀆天垣。下毀地文。靈輝不照。白晝杳昏。幽堂慘懍。已福都傾。嗟夫斯理言之渾渾。聽之悶人。苟非知者。交臂不親。遇元淹脩。草野悲吟。敢昭珍秘。貽吾後人。審運分元。辨死辨生。要收生而出煞須趨吉而避凶。洞徹青囊之秘旨。細玩水龍之妙形。雖曰先賢之淑教。亦視人之秉心。

篇中天施順播地德上承土水厚重金水圓清木水挺直火水飛騰敢昭珍秘貽我後人審運分元辨死辨生欲收生而出煞須趨吉而避凶等語皆蔣公之所嘗心許也